KOLPINGWERK IN STAAT UND GESELLSCHAFT

Schriftenreihe des Kolpingwerkes Deutscher Zentralverband

1

Engagement für die Familie

Kolping-Verlag Köln
1981

Inhaltsverzeichnis

Vorwort

Familienpolitische, familienpädagogische und familienpastorale Arbeit ist seit vielen Jahren Gegenstand der Bemühungen des Kolpingwerkes Deutscher Zentralverband. In einer Zeit, in der die Familie in unserer Gesellschaft unter Druck geraten ist, will die Kolpingsfamilie noch mehr als bisher sich in ihrer Arbeit um die Familie mühen.

Die Verabschiedung des Aktionsprogramms „Familie – unsere Zukunft" bei der Zentralversammlung des Kolpingwerkes im November 1980 ist einer der Marksteine der familienbezogenen Arbeit. Dieses Aktionsprogramm muß umgesetzt werden in den einzelnen Kolpingsfamilien bis hinein in die einzelnen Familien des Kolpingwerkes. Wir sind uns dabei bewußt, daß dies eine sehr langwierige Arbeit ist, die ständig durch neue Impulse genährt werden muß.

Solche Impulse erfährt die Arbeit des Kolpingwerkes im Themenbereich der Familie wesentlich aus den pastoralen Anstößen und den politischen Diskussionen. Mit großer Sorge verfolgt die Kolpingsfamilie die Angriffe auf die Familie als Institution, deren „Privilegien" abgeschafft werden sollen. Mit Entschiedenheit kämpft deshalb das Kolpingwerk gegen die Auflösungstendenzen, die sich aus verschiedenen politischen Stoßrichtungen ergeben. Dabei befindet sich das Kolpingwerk in Übereinstimmung mit der Verfassung, die in Artikel 6 GG die Familie unter den besonderen Schutz der Verfassung stellt. In nächster Zeit geht es darum, im Interesse der Erhaltung unserer Familie und des Volkes diese Angriffe abzuwehren, die jede eheähnliche Lebensgemeinschaft mit der Familie gleichsetzen und sie unter den besonderen Schutz des Staates stellen wollen.

Die Auflösungstendenzen, die sich aus der politischen Diskussion ergeben, wirken ebenfalls hinein in das christliche Ehe- und Familienverständnis. Wie die Diskussion um die Abtreibung in den letzten Jahren zeigt, sind auch Katholiken nicht davon frei, sich z.B. eine Interpretation des § 218 StGB zu eigen zu machen, die mit Rechtsirrtum und Verwirrung bezeichnet werden muß. Wer glaubt, daß es eine Art Rechtsanspruch auf Abtreibung gäbe, hat den Sinn des Gesetzes verkannt und ist in Gefahr, die Verfügung über den ungeborenen Menschen zu rechtfertigen.

Auch im Bereich der Eheschließung und der Unauflöslichkeit der Ehe begegnen wir relativierenden Interpretationen. Dasselbe zeigt sich in der gesellschaftspolitischen Auseinandersetzung, die namentlich um die angebliche Emanzipation der Frau geführt wird. Wir geraten in Gefahr, die Rolle der Mutter als vorgestrig anzutun und die Selbstverwirklichung der Frau und Mutter auf die außerhäusliche Berufstätigkeit zu fixieren.

Die vielfältigen Bemühungen um die Familie, derzeit fortgesetzt durch die Beschäftigung mit dem Schwerpunktthema ,,Familie und Arbeitswelt", lassen es sinnvoll erscheinen, die grundlegende Position des Verbandes zu Ehe und Familie, die gesellschaftspolitischen Aussagen des Verbandes in diesem Bereich aus den letzten Jahren und das neue Aktionsprogramm zusammenhängend zu dokumentieren.

Diesem Zweck dient das vorgelegte Heft, das nicht nur Positionen und Ziele des Kolpingwerkes Deutscher Zentralverband nach außen dokumentieren, sondern zugleich und insbesondere die familienbezogene Arbeit des Verbandes selbst unterstützen soll.

Mit dem hier vorgelegten Beitrag ,,Engagement für die Familie" eröffnet das Kolpingwerk Deutscher Zentralverband zugleich eine neue Schriftenreihe unter dem Titel ,,Kolpingwerk in Staat und Gesellschaft". Beispielhaft sollen in dieser Reihe künftig Positionen und Aktivitäten des Verbandes zu den verschiedensten Fragen und Problemen unseres gesellschaftlichen und politischen Lebens in den Blick genommen werden, und zwar aus Geschichte und Gegenwart, um so einer breiteren Öffentlichkeit Auskunft über das Wollen und Handeln des Kolpingwerkes zu geben und zugleich dem Wirken des Verbandes selbst weiterführende Impulse zu geben und Hilfestellung zu leisten.

Köln, Februar 1981   Dr. Paul Hoffacker
                                        Zentralvorsitzender

I. Die Bedeutung der Familie für den einzelnen und die Gesellschaft aus der Sicht Adolph Kolpings und des Kolpingwerkes

„Für das Kolpingwerk stellen Ehe und Familie die wichtigste Voraussetzung für die personale Entfaltung des Menschen in der Gesellschaft dar." (Programm, Ziffer 26)

„Ohne Existenzsicherung von Ehe und Familie ist die Entwicklung einer menschenwürdigen Gesellschaft nicht möglich." (Programm, Ziffer 26)

Wird Familie verstanden als auf Dauer angelegte Gemeinschaft von Eltern mit Kindern, die entsteht, wenn durch Geburt und Adoption von Kindern aus der Ehe eine biologisch-soziale Kleingruppe zusammenlebender Menschen sich bildet, so trägt Familie zur personalen Entfaltung des Menschen in umfassender Weise bei.

Von entscheidender Bedeutung sind zunächst gewiß Personalisation und Sozialisation des Kindes in und durch Familie. Die wichtigsten Grundlagen für Fähigkeiten und Fertigkeiten des Menschen wie für seine grundlegenden Einstellungen und Verhaltensweisen werden (soweit nicht erblich bedingt) in den ersten Lebensjahren ausgeprägt. Sprachliche und sonstige Ausdrucksfähigkeiten gehören ebenso dazu wie instrumentelle Fertigkeiten und die gewissermaßen alltäglichen Verhaltensmuster, nicht zuletzt aber auch grundlegende Orientierungen und Wertvorstellungen. Der Mensch bedarf des anderen Menschen, um überhaupt in vollem Sinne Mensch werden zu können. Die Qualität der personalen Entfaltung hängt wesentlich ab von der Dichte und der Tiefe des Beziehungsnetzes, in welches der Mensch von Geburt an gestellt ist. Hier ist es die Familie, die ein Optimum an Hilfe und Anregung gewähren kann, gerade im Blick auf solche wesentlichen Faktoren wie Vertrauen, Geborgenheit, Zuneigung usw.

Personalisation und Sozialisation in und durch Familie sind gerade in den ersten Lebensjahren des Menschen primär Aufgabe und Dienst der Eltern.

Das Miteinander in der Familie betrifft allerdings die personale Entfaltung aller ihrer Mitglieder unmittelbar. So geht von den Kindern selbst vielfältiger Einfluß auf die Eltern aus, und zwar unterschieden und unterscheidbar nach den verschiedenen Entwicklungsstadien der Familie. Weiterhin sind die Beziehungen der Geschwister untereinander von erheblicher Bedeutung für die Persönlichkeitsentwicklung des jungen Menschen, und schließlich ist der wechselseitige Beitrag zur personalen Entfaltung zwischen den Eltern selbst nicht außer acht zu lassen, wie er als spezieller Aspekt im Ganzen der Ehepartnerbeziehungen gefaßt werden kann.

Insgesamt zeigt sich Familie aufgrund der engen und tiefen Beziehungen ihrer Mitglieder untereinander und aufgrund der hier gegebenen Freiräume und Möglichkeiten der Spontaneität als eine besonders lebendige Einheit von zentraler Bedeutung für alle ihre Mitglieder. Damit stellt sie sich zugleich als wichtigstes soziales Gebilde zwischen einzelnem und Gesellschaft dar. Die umfassende Verwirklichung personaler Eigenständigkeit im Sinne schöpferischer Selbstverwirklichung wie auch der Übernahme von Verantwortung bzw. Mitverantwortung für den anderen und für das Ganze sind zentral bedeutsame Aufgaben und Chancen der Familie. Nach Maßgabe aller einschlägigen empirischen Befunde kann dies von keiner anderen Einrichtung auch nur annähernd gleichwertig übernommen bzw. wahrgenommen werden.

Adolph Kolping faßte die Bedeutung der Familie einmal in dem Satz zusammen:,,Das Erste, was der Mensch vorfindet im Leben, und das Letzte, wonach er die Hand ausstreckt, und das Kostbarste, was er besitzt im Leben, ist das Familienleben."

Ähnliche Aussagen über die Familie sind im gesamten Werk Adolph Kolpings immer wieder zu finden, und solche Vorstellungen haben auch das Wirken Kolpings in entscheidender Weise geprägt. Dabei war gewiß keine weltfremde Schwärmerei im Spiel, Kolpings Gedanken über die Familie erwachsen vielmehr aus ganz konkreten eigenen Lebenserfahrungen und zugleich aus der Einsicht in grundlegende Zusammenhänge des menschlichen Zusammenlebens in Staat und Gesellschaft. Ganz wesentlich war zunächst für Kolping die dankbare Erinnerung an die eigene Kindheit im Kreise der Familie, wo bei aller Bescheidenheit der äußeren, d.h. materiellen Lebensverhältnisse doch tiefe Geborgenheit und Zufriedenheit zuhause waren, wurzelnd in echter Frömmigkeit. Eben dies schuf tragfähige und dauerhafte Fundamente für das zielbewußte und verantwortungsvolle Handeln im späteren Leben. Wesentlich war darüber hinaus auch die leidvolle Erfahrung in zehn Jahren des Handwerkerdaseins, also das unmittelbare Erleben der Heimatlosigkeit der wandernden Gesellen mit ihren problemreichen Auswirkungen für Lebensweise und Lebenshaltungen der betroffenen jungen Menschen. Eine weitere Erfahrung – gewonnen schon im Bemühen um die Annahme der gestellten Herausforderung – brachte die Arbeit im Gesellenverein mit dem Erleben, wie eine familienhafte Gemeinschaft durch das Angebot einer ganz konkreten Heimat und Heimstatt – materiell wie ideell – junge Menschen in die Lage versetzen konnte, etwas aus sich zu machen, ihr Leben als tüchtige Christen in Beruf, Familie und Gesellschaft zu gestalten. Wichtig ist schließlich auch die aus all diesen Erfahrungen resultierende Einsicht Kolpings in die engen und vielfältigen Zusammenhänge und Wechselwirkungen zwischen der Situation der Familie auf der einen und der gesellschaftlichen Wirklichkeit auf der anderen Seite. ,,Was der Familie frommt, frommt dem Volke; was der Familie schadet, schadet dem Volke".

Von der Grundüberzeugung her, daß die Schäden des Volkslebens nur überwunden werden könnten, wenn der Familie geholfen würde, ihren Dienst für Mensch und Gesellschaft zu leisten, hat Kolping in seinem ganzen Wirken der Familie einen entscheidenden Stellenwert zugemessen. Bewußt hat Kolping den Gesellenverein mit dem dazugehörigen Haus so konzipiert, daß jungen Menschen, die sich zwar aus ihrer Herkunftsfamilie gelöst, aber noch keine eigene Familie gegründet hatten, in familienhafter Gemeinschaft ein Zuhause geboten werden sollte, wo zugleich durch Bildungsarbeit wie auch durch das gesellige Miteinander wesentliche Grundlagen für die Gestaltung späteren eigenen Familienlebens entwickelt und gepfleget werden sollten. Als Publizist und Volksschriftsteller, der ein für die damalige Zeit sehr großes Publikum erreichte, hat Kolping darüber hinaus immer wieder die Familie in den Mittelpunkt seiner Arbeiten gestellt. Besonders betont wurde dabei insbesondere immer wieder die gesellschaftsprägende und gesellschaftsverändernde Kraft und Bedeutung der Familie, des Familienlebens. Sehr massiv macht Kolping immer wieder seine Überzeugung geltend, daß die Welt nur besser werden kann, wenn die Menschen selbst sich ändern, was in Konsequenz nur bedeuten kann, daß jeder zunächst bei sich selbst anfangen muß, sein Leben bewußt, bewußter als Christ zu gestalten. Eben deshalb aber kommt der Familie hier zentrale Bedeutung zu, denn sie ist es doch, die Einstellungen und Verhaltensweisen des Menschen in einer Art und Weise, in einer Festigkeit und Dauerhaftigkeit prägt, wie dies keine andere Einrichtung auch nur annähernd zu leisten vermag. Wenn Kolping in der Familie den wichtigsten Schauplatz des Ringens um die künftige Gestaltung der politischen und gesellschaftlichen Verhältnisse sieht, so ist dies nur folgerichtig. „Soziale Wohlfahrt und soziales Leid ruhen auf dem Grundpfeiler der menschlichen Gesellschaft, auf der Familie, um deren Wohlstand sich alle großen und kleinen Fragen des irdischen Menschenlebens drehen. Das öffentliche Volksleben ist deshalb der getreue Spiegel des Familienlebens".

Überkommene Meinungen und Einstellungen zu Ehe und Familie haben sich in den letzten Jahrzehnten zum Teil erheblich gewandelt. Christliches Verständnis von Ehe und Familie ist etwa – selbst unter Christen – keineswegs mehr prägender Orientierungsrahmen für das Zusammenleben. Mit solchen Wandlungen gehen Verhaltensänderungen einher, wie sie im Hinblick auf Ehe und Familie in verschiedenster Hinsicht feststellbar sind, z.B. im Bereich der Partnerbeziehungen.

Einstellungswandel, Verhaltensänderungen und veränderte Wertvorstellungen hängen ihrerseits zusammen mit gesellschaftlichen Rahmenbedingungen von Ehe und Familie und deren Entwicklung. Bedeutsame Faktoren sind z.B. der Funktionswandel der Familie, gekennzeichnet insbesondere durch die zunehmende Übernahme traditioneller Aufgaben der Familie durch außerfamiliale Einrichtungen, die Auflösung früher eindeutiger Rollenzuweisungen (Berufstätigkeit der Frau, Neubewertung der Hausfrauentätigkeit, Wandel vom Patriarchat der Partnerschaft usw.), die enorme Ausweitung der Kommunikationsmöglichkeiten (Massenmedien), die sich in vielfältiger Weise unmittelbar auf das Zusammenleben der Menschen und seine individuelle Ausgestaltung auswirken, ebenso die Tatsache, daß in den Wünschen und Bestrebungen der Menschen materielle Faktoren einen zunehmend beherrschenden Raum einnehmen und daß Ehe und Familie in der öffentlichen Diskussion zunehmend in Frage gestellt, ja als überholte und deshalb zu ersetzende Institutionen bewertet werden. Familien- und Gesellschaftspolitik insgesamt schließlich können kaum den Anspruch erheben, die Familie bei der Erfüllung ihrer bedeutsamen Aufgaben angemessen zu unterstützen. Die staatliche Gesetzgebung in Sachen Ehe und Familie scheint trotz verbaler Familienfreundlichkeit vielfach eine die Gemeinschaft Familie atomisierende Funktion zu erfüllen, z.B. durch die Ausweitung der Eingriffsmöglichkeiten des Staates in die Familie und durch die Überbetonung der Rechte einzelner Familienmitglieder.

Solche Faktoren können für die Frage nach der Bedeutung von Ehe und Familie für die personale Entfaltung des Menschen wie für Staat und Gesellschaft nicht folgenlos sein. Verhaltensunsicherheiten, z.B. im pädagogischen Bereich, Erschwerung der Möglichkeiten, Orientierung und Sinnhaftigkeit zu lernen und zu erfahren (z.B. Glaubensvermittlung in und durch Familie), düstere Zukunftsperspektiven, ebenso aber auch Status- und Konsumprobleme u.v.a.m. führen dazu, daß Ehe und Familie in der Erfüllung und Wahrnehmung ihrer Aufgaben und Chancen mehr oder weniger stark beeinträchtigt werden. Nicht nur fällt es den existierenden Ehen und Familien schwerer, den gestellten Anforderungen gerecht zu werden, zugleich verlieren Ehe und Familie durch wachsende Ehescheidungshäufigkeit, geringere Zahl von Eheschließungen, sinkende Kinderzahl etc. an tatsächlicher gesellschaftlicher Bedeutung.

Gewiß ist unsere Zeit nicht mehr die Adolph Kolpings. Dies besagt noch lange nicht, daß Probleme und die entsprechenden Antworten seiner Zeit nicht auch für uns von Bedeutung sind oder sein könnten. Mit Sicherheit ist auch heute – wie zu allen Zeiten – vor allem jener tüchtige Christ gefordert, den Adolph Kolping mit seinem Wirken heranbilden wollte, der tüchtige Christ, der sein Leben in allen Bereichen, also auch in der Familie, entsprechend gestaltet. Das bloße Klagen, so drückte es Kolping einmal aus, über das Weltelend nützt überhaupt nichts, wenn man nicht selbst bereit ist, das Seine zu tun, diese Welt besser zu machen.

„Tut jeder in seinem Kreis das Beste, dann wird's auch bald in der Welt besser aussehen". Dieses Vermächtnis Kolpings kann und sollte uns auch heute als Maxime dienen. Wenn es um die Familie in ihrer unersetzlichen und unaufgebbaren Qualität und Bedeutung geht, so müssen wir als Christen durch unser konkretes Beispiel davon Zeugnis ablegen. In seinem Engagement für die Familie kann uns Adolph Kolping hier aktuelles Vorbild sein.

II Grundsätzliche Aussagen des Kolpingwerkes zum christlichen Menschenverständnis und zur Stellung von Ehe und Familie

Das Verständnis von Ehe und Familie des Kolpingwerkes ist eingebettet in das christliche Menschenverständnis. Dieses ist auch Ansatz und Rahmen für das gesellschaftspolitische Engagement des Verbandes für die Familie.

Bereits im Jahre 1927 verabschiedete der II. Internationale Gesellentag in Wien eine Resolution, die sich in einem ihrer drei Schwerpunkte mit der Familie befaßt.

Zentrale Aussagen des Kolpingwerkes zum christlichen Menschen-, Gesellschafts- bzw. Staatsverständnis sind – wiederum – zusammengefaßt im Gesellschaftspolitischen Leitbild von 1969, ebenso im Wörishofener Programm (1971) und im Paderborner Programm (1976).

1. Resolution des II. Internationalen Gesellentages (Wien 1927)

Familie

Für jeden katholischen Gesellen ist die Gründung und Führung einer wahrhaft glücklichen katholischen Familie das Werk seines Lebens. Für jeden katholischen Gesellen ist die Grundlegung, Pflege und Förderung dieses Zieles Grundlage, Umgrenzung und Krönung jeglicher Vereinsarbeit. Diese beiden Zielpunkte ergeben folgenden Leitgedanken:

1. Der junge Mann muß angeleitet werden, Jahre voraus dieses sein Lebenswerk, auch bevor er noch eine Lebensgefährtin gewählt hat, in jeder Hinsicht vorzubereiten.

2. Um ein wahrhaft glückliches Familienleben gründen und führen zu können, muß der Gesellenverein als solcher und ein jedes seiner Mitglieder an allen Bestrebungen des privaten und öffentlichen Lebens, soweit sie auf dem Boden des Christentums stehen, die wirtschaftlichen Grundlagen der Familie zu ermöglichen oder zu erleichtern suchen, tätigen Anteil nehmen.

3. Der katholische Gesellenverein soll seinerseits Einrichtungen schaffen oder die bestehenden fördern und ausbauen, die seinen Mitgliedern helfen, trotz allen Nöten der Zeit eine glückliche Familienwirtschaft zu gründen und zu erhalten.

Demokratie

Getreu der Lehre des Gesellenvaters Adolph Kolping, daß des Volkes Glück in der persönlichen Tüchtigkeit seiner Bürger beruht, arbeitet der Gesellenverein seit seiner Gründung an der persönlichen und beruflichen Hebung seiner Mitglieder. In der Demokratie sieht er die Gewähr für die Gleichheit der Rechte und der Verpflichtung vor der Verfassung und dem Gesetz, die Anerkennung einer auf Menschenwürde und gegenseitiger Achtung beruhenden Möglichkeit der Ausbildung, der Lebensgestaltung und des Aufstiegs für alle und die gerechte Bewertung nach Tüchtigkeit und Leistung.

Der Gesellenverein unterwirft sich der dem Gesamtwohl dienenden und der göttlichen Ordnung in der Natur entsprechenden Staatsautorität; er will eine freiheitliche, durch berufliche Gemeinschaft geförderte Entfaltung des gesellschaftlichen und staatlichen Lebens, dessen Durchdringung mit den christlichen Grundsätzen er aus der katholischen Gesinnung seiner Mitglieder erstrebt.

Völkerfriede

Ausgehend von der Familie als der Wurzel nicht nur der Einzelmenschen, sondern auch der gesamten Menschheit, betrachtet der Gesellenverein die einzelnen Völker als Glieder einer Menschheitsfamilie, in der jedes Glied das Recht zur Entfaltung und Nutzbarmachung seiner Kräfte hat, jedoch nicht auf Kosten eines anderen Volkstums, weil nur so der materielle und kulturelle Fortschritt der Menschheit gefördert werden kann. Die bei der Unvollkommenheit alles Irdischen nicht ausbleibenden Mißverständnisse, Spannungen und Interessengegensätze müssen nach der katholischen Auffassung des Gesellenvereins auf dem Wege der Rechtsgestaltung und vor allem durch eine aus dem Geist der Liebe geborene Verständigung zu beseitigen versucht werden. Die Mitglieder des Gesellenvereins, als Söhne einer verschiedenes Volkstum umfassenden Kolpingsfamilie, betrachten es als ihre Aufgabe, diese Grundsätze zunächst im eigenen Gesellenverein praktisch zu üben, vor der Öffentlichkeit programmatisch zu vertreten und für ihre Durchführung im Leben der Völker freudig zu kämpfen.

2. Gesellschaftspolitisches Leitbild (1969)

Je mehr freigesetzte Verantwortung, um so menschenwürdiger die Ordnung.
Verabschiedet von der Zentralversammlung der Deutschen Kolpingsfamilie am 7. Juni 1969 in Münster.

Wandel und Dynamik kennzeichnen die heutige Gesellschaft, sie bietet neue Dimensionen menschlicher Verwirklichung, aber es drohen auch neue Formen sozialer Zwänge, ökonomischer Abhängigkeiten und geistiger Bevormundung. Die gesellschaftliche Zukunft rational mitentwerfen und mitformen, das ist die Forderung und Chance für jeden – dem müssen wir gerecht werden.

Wir sind der Überzeugung, daß der Mensch „Träger, Schöpfer und Ziel" allen gesellschaftlichen Geschehens sein muß. Die Möglichkeit menschlicher Entwicklung – und damit des Menschseins – wird aber wesentlich durch den Umfang freien und verantwortlichen Handelns mitbestimmt. Das entspricht auch dem christlichen Verständnis der Person, nach dem der Mensch sein Handeln selbst bestimmt, seine Entscheidungen aber auch an letzten Bindungen und Werten orientieren soll.

Gesellschaft und Staat sind so auszuformen, daß jeder seine Persönlichkeit entwickeln, seine Fähigkeiten finden, zum eigenen und zum Nutzen aller einsetzen und bei der Gestaltung der Gesellschaft verantwortlich mitarbeiten kann. Bei der Erfüllung von Aufgaben, die die Möglichkeiten des einzelnen übersteigen, müssen Staat und Gesellschaft helfend eingreifen.

Aufgabe der staatlichen Politik und der gesellschaftlichen Gruppen ist es vor allem, das Zusammenspiel aller Kräfte auf die Verwirklichung einer menschenwürdigeren Gesellschaft hinzulenken. Die Weiterentwicklung des sozialen Lebens macht das freie Wirken von Verbänden und anderen freien gesellschaftlichen Kräften erforderlich.

Das kulturelle Leben und die Entfaltung humaner und geistiger Werte dürfen nicht zugunsten einer einseitig materiellen Zielsetzung vernachlässigt werden. Demnach kann die Steigerung des Sozialproduktes und die Hebung des Lebensstandards nicht das wichtigste und ausschließliche Ziel der Wirtschaft sein. Die menschliche Arbeit ist also im ökonomischen Prozeß nicht nur nach ihrem Produktionsergebnis zu werten, sondern sie hat auch zur schöpferischen Selbstverwirklichung des Menschen und des sozialen Lebens beizutragen.

Der Mensch erfährt sich stets als sozial verflochtenes Wesen. Diese Verflochtenheit ist stärker durchschaubar zu machen, damit sie bejaht und sinngemäß ausgeformt werden kann.

Diese gesellschaftspolitischen Vorstellungen lassen sich zusammenfassen in dem Grundsatz: Je mehr freigesetzte Verantwortung, um so menschenwürdiger die Ordnung.

3. Das Wörishofener Programm des Kolpingwerkes (1971) – Auszüge

3.1 Allgemeine Aussagen

Bestimmung und Grundhaltung

Das Kolpingwerk ist die von Adolph Kolping geschaffene und geprägte katholische Bildungs- und Aktionsgemeinschaft zur Entfaltung des einzelnen in der ständig zu erneuernden Gesellschaft. Daher geht es in seiner Arbeit aus von den Bedürfnissen und Interessen der Menschen in moderner Gesellschaft.

Adolph Kolping prägte sein Werk durch Grundhaltungen, die auch heute entscheidend sind:
Gläubigkeit und Selbstvertrauen
Lebensernst und Freude
Selbstverantwortung und Solidarität
Geschichtsbewußtsein und Fortschrittswille.

Politisches Engagement

Das Kolpingwerk fordert und fördert das Mitdenken, Mitsprechen, Mithandeln und Mitverantworten seiner Mitglieder im politischen Geschehen. Es versteht die Entfaltung und Verwirklichung der demokratischen Gesellschaft als ständigen Prozeß. Dadurch will das Kolpingwerk die freie und rechtsstaatliche Ordnung mitgestalten. Innerhalb dieser Ordnung setzt es sich insbesondere ein für die größtmögliche Chancengleichheit aller Menschen und die Lösung von Konflikten zwischen verschiedenen Gruppen.

Deshalb arbeitet das Kolpingwerk mit den politischen Parteien zusammen, die seine gesellschaftspolitischen Ziele bejahen sowie kooperationsfähig und -willig sind. Es fördert die Mitarbeit in den sozialen, wirtschaftlichen und beruflichen Selbstverwaltungseinrichtungen. Es unterstützt die Mitverantwortzung im Bildungsprozeß und tritt dafür ein, die berechtigten Anliegen der Schüler und der Auszubildenden in den Entscheidungsprozeß einzubringen.

Dabei erachtet es das Kolpingwerk als notwendig, für die jeweiligen Einrichtungen und Organisationen fähige Verantwortungsträger heranzubilden. Es fordert seine Mitglieder auf, sich in demokratischen Parteien und überparteilichen Gremien zu engagieren. In der erforderlichen Offenheit leistet der Verband auch durch sie in den einzelnen Bereichen seine Mitarbeit für die Gesellschaft.

4. Das Paderborner Programm des Kolpingwerkes (1976) – Auszüge

4.1 Allgemeine Aussagen

1 (Bildungs- und Aktionsgemeinschaft)

Das Kolpingwerk ist die von Adolph Kolping geschaffene und geprägte familienhafte und lebensbegleitende katholische Bildungs- und Aktionsgemeinschaft zur Entfaltung des einzelnen in der ständig zu erneuernden Gesellschaft.

2 (Grundhaltungen)

Adolph Kolping prägte sein Werk durch Grundhaltungen, die auch heute entscheidend sind:
– Gläubigkeit und Selbstvertrauen
– Lebensernst und Freude
– Eigenverantwortung und Solidarität
– Geschichtsbewußtsein und Fortschrittswille.

6 (Werte und Normen)

Von diesem Selbstverständnis her bemüht sich das Kolpingwerk, seinen Mitgliedern Werte und Normen zu erschließen, welche die persönliche Lebensgestaltung möglich machen und für das gemeinsame Handeln die Richtung weisen.

7 (Katholische Soziallehre)

In der Verwirklichung und Weiterführung der Katholischen Soziallehre weiß sich das Kolpingwerk berufen, mitzuwirken an der Errichtung und Gestaltung einer menschenwürdigen Welt. Die Katholische Soziallehre gibt Aufschluß darüber, wie eine der christlichen Auffassung vom Menschen entsprechende soziale Ordnung aussehen soll. Aus ihr erhalten die Mitglieder Antwort auf die Frage, an welchen Wert- und Zielvorstellungen sie sich zu orientieren haben, um ihrer sozialen Verantwortung gerecht zu werden.

8 (Christliches Menschenverständnis)

Im Mittelpunkt der Katholischen Soziallehre steht das christliche Menschenverständnis. Es hebt sich klar ab von allen einseitigen und darum verkürzenden Sichtweiten individualistischer oder kollektivistischer Prägung. Als eigenständiges Geschöpf Gottes steht der einzelne in Verantwortung für sein Leben und ist zugleich notwendig auf die Gemeinschaft mit anderen verwiesen.

11 (Personale Entfaltung)

Aufgabe des Kolpingwerkes ist es, Hilfe zu leisten für die personale Entfaltung seiner Mitglieder und aller, die seinen Dienst in Kirche und Gesellschaft in Anspruch nehmen. Personale Entfaltung bedeutet, alle Kräfte und Fähigkeiten zu entwickeln und auszuformen. Dabei geht es sowohl um die Nutzung der gegebenen Chancen für das eigene Wohl als auch um die Verantwortung für den Nächsten. Ansatzpunkt der Arbeit des Kolpingwerkes ist der Mensch mit seinen Bedürfnissen und Interessen in seiner konkreten Lebenssituation.

15 (Gesellschaftliches Apostolat)

Dem Kolpingwerk als katholisch-sozialem Verband obliegt vor allem der Weltdienst. Es sieht seine vordringliche Aufgabe darin, seine Mitglieder zu verantwortlichem Mitdenken, Mitsprechen und Mithandeln in allen Bereichen der Gesellschaft anzuregen und zu befähigen.

16 (Verwirklichung von Demokratie)

Die Verwirklichung einer demokratischen Gesellschaft nach den Werten und Normen, wie sie im Grundgesetz der Bundesrepublik Deutschland festgeschrieben sind, erkennt das Kolpingwerk als ständige Aufgabe. Insbesondere setzt es sich ein für Chancengerechtigkeit sowie für eine der Gerechtigkeit wie dem Gemeinwohl verpflichtete Lösung von Konflikten. Es arbeitet deshalb mit allen Personen und Gruppierungen zusammen, die seinen Zielen nicht entgegenstehen und zu einer sachgerechten Zusammenarbeit bereit sind.

33 (Subsidiarität)

Der Mensch ist nach christlicher Auffassung Schöpfer, Träger und Ziel aller gesellschaftlichen Einrichtungen. In einer vom christlichen Menschenverständnis her gedeuteten Gesellschaft darf dem einzelnen nicht entzogen und der Gesellschaft zugewiesen werden, was er aus eigener Initiative und mit eigenen Kräften zu leisten vermag. Hilfen sollen für den einzelnen Menschen so eingesetzt werden, daß er seine Fähigkeiten und Anlagen weiterentwickeln kann. Dies entspricht dem Prinzip der Subsidiarität.

37 (Staat)

Entsprechend dem christlichen Menschen- und Gesellschaftsverständnis sieht das Kolpingwerk im Staat eine notwendige, mit hoheitlicher Gewalt ausgestattete gesellschaftliche Einrichtung im Dienst des Menschen. Grundlage und Träger staatlicher Gewalt ist der einzelne in der Gesamtheit aller Bürger. Von diesen erhält die staatliche Autorität ihre Legitimation. Ziel und Aufgabe des Staates ist die Verwirklichung des Gemeinwohls.

Vom Gemeinwohl her ergeben sich Aufgaben, Zuständig-
keiten und Grenzen des Staates. Innerhalb dieser Grenzen
ist und bleibt staatliche Gewalt an die Menschenrechte ge-
bunden.

38 (Menschenrechte)

Unverzichtbare und unveräußerliche Menschenrechte be-
stimmen das Verhältnis zwischen einzelnem und Staat. Ihre
Beachtung und Erfüllung ist ständige Verpflichtung der
staatlichen Gewalt. Als Werte von höchster Verbindlichkeit
stellen sie die Grundorientierung und das Fundament für
politisches Handeln in einer freiheitlichen Ordnung dar. Ihr
Bestand hängt ab vom demokratischen Bewußtsein ihrer
Bürger, von der Funktionsfähigkeit ihrer Organe sowie von
der demokratischen Zuverlässigkeit der politischen Kräfte.
Freiheitliche Demokratie läßt sich nur in einem Staat verwirklichen, der Pluralität als die Möglichkeit anerkennt, auf
der Grundlage gemeinsamer Ziele alternative Vorstellungen zu entwickeln und zu vertreten.

39 (Abwehr von Radikalismen)

Die freiheitlich-demokratische Grundordnung ist immer
wieder Bedrohungen und Belastungen ausgesetzt durch
die zunehmende Infragestellung von Grundwerten und
Grundsätzen sowie durch ideologische Polarisierung und
Radikalisierung der politischen Auseinandersetzung. Das
Kolpingwerk wirkt diesen Entwicklungen entgegen und erwartet dabei die Unterstützung aller demokratischen Kräfte
und Gruppen.

40 (Politische Mitverantwortung)

Mitverantwortung für die staatliche Gemeinschaft ist Verpflichtung und Ausdruck christlichen Weltdienstes. Das
Kolpingwerk fordert deshalb von seinen Mitgliedern die
Kenntnis der Grundsätze der Katholischen Soziallehre und
ihre glaubwürdige Darstellung in allen Bereichen des staatlichen und gesellschaftlichen Lebens sowie ein engagiertes
Eintreten für die Erhaltung und den Ausbau des demokrati-

schen und sozialen Rechtsstaates. In ihm nimmt der Bürger im allgemeinen mittelbar über die Parteien an der politischen Willensbildung teil. Den Parteien fällt damit im Staat eine Schlüsselstellung zu, die sie zu einer verantwortlichen Politik allen Bürgern gegenüber verpflichtet.

Das Kolpingwerk fordert und fördert daher das Engagement seiner Mitglieder in den politischen Parteien, in denen sich die Ziele des Kolpingwerkes verwirklichen lassen.

4.2 Aussagen zu Ehe und Familie

26 (Bedeutung von Ehe und Familie)

Für das Kolpingwerk stellen Ehe und Familie die wichtigste Voraussetzung zur personalen Entfaltung des Menschen in der Gesellschaft dar. Ohne Existenzsicherung von Ehe und Familie ist die Entwicklung einer menschenwürdigen Gesellschaft nicht möglich. Von daher ist eine aus dem christlichen Menschenverständnis begründete und sachlich abgesicherte Neubesinnung auf Wert und Bedeutung von Ehe und Familie für Gegenwart und Zukunft erforderlich.

27 (Ehe als Lebensgemeinschaft)

Die Ehe als eine auf Dauer angelegte Lebensgemeinschaft von Mann und Frau lebt aus der personalen Zuwendung und der gegenseitigen Annahme der Partner. In der wechselseitigen Hingabe engagieren sich die Partner für die gesamtmenschliche Verwirklichung des anderen. Christus hat die Ehe sakramental geheiligt und ihr dadurch eine neue Würde und Weihe gegeben. Sie soll als christliche Ehe die Liebe Gottes und die innere Wirklichkeit der Kirche in der Welt sichtbar machen.

28 (Zielsetzung der Ehe)

Ehe überschreitet von ihrem Ansatz und von ihrer Zielsetzung her den beliebig verfügbaren privaten Bereich zweier Menschen. Sie drängt auf Ausweitung zur Familie und trägt damit die Sorge um die nachwachsende Generation.

29 (Aufgabe der Familie)

Pflege und Erziehung der Kinder sind das natürliche Recht der Eltern und ihre erste Pflicht. Für die gesamtheitliche Entfaltung des Menschen hat die Familie in ihrem Dienst am Kind eine Aufgabe, die durch keine andere Einrichtung gleichwertig zu leisten ist.

30 (Familie, Gesellschaft und Staat)

Deshalb ist die Familie ein Anliegen der Öffentlichkeit. Die Ehepartner übernehmen eine Verpflichtung für den Bestand der Gesellschaft; Gesellschaft und Staat sind daher zum besonderen Schutz von Ehe und Familie verpflichtet.
In unserer gesamten Gesellschaft kommt es darauf an, daß ein positives Bild von Ehe und Familie entfaltet und vermittelt wird.

31 (Religiöse Erziehung)

Religiöse Erziehung ist wesentlicher Bestandteil des Auftrages der Eltern. Sie ist sowohl Verkündigung als auch Einübung des Glaubens.

32 (Bildungsprogramm für Ehe und Familie)

Zur Erfüllung ihres umfassenden pädagogischen Auftrages sind Eltern und Erziehungsberechtigten entsprechende Hilfen anzubieten. Für das Kolpingwerk ist deshalb die ehevorbereitende und ehebegleitende Bildung sowie die Elternbildung eine zentrale Aufgabe. Ein besonderer Schwerpunkt ist dabei auch die Berufsvorbereitung, Berufsfindung und Begleitung der Kinder in Ausbildung und Beruf.

5. Erklärung des Internationalen Kolpingwerkes zur familienpolitischen Situation in Europa (Einsiedeln 1979)

Die Familie ist eine ‚biologische, affektive, erzieherische, kulturelle, soziale und wirtschaftliche Einheit . . . Sie dient dem Glück und der Entfaltung der Person ebenso wie dem Gleichgewicht und der Entwicklung der Gesellschaft.' (Aus der Erklärung des Komitees der Familienorganisationen bei den Europäischen Gemeinschaften – Coface – vom 2. Oktober 1978).

Die in dieser Erklärung eingefangene umfassende Bedeutung von Familie für die Entfaltung des Menschen und die Erhaltung der Gesellschaft hat – wenn auch mit anderen Worten – schon Adolph Kolping Mitte des vergangenen Jahrhunderts verschiedentlich herausgestellt. Er hat aber auch deutlich auf Gefahren und Auflösungserscheinungen der Familie hingewiesen.

Wir stellen fest, daß es weithin die gleichen Gefährdungen geblieben sind, zum Teil nur in anderer Gestalt.

Sie sind vor allem begründet in der liberalistisch übersteigerten Sicht des Menschen als Einzelperson, entgegen der naturgegebenen Anlage des Menschen als Person auf Gemeinschaft hin, in der er allein sich als Persönlichkeit entfalten kann.

In gleicher Weise hat sich die Ansicht, Familie als Funktion der Gesellschaft zu sehen, verstärkt. Damit muß die Familie ihre ursprüngliche Stellung als Urzelle jeglicher größerer Gemeinschaft weitgehend verlieren.

In diesem Sinne hat die staatliche Gesetzgebung im Laufe der Zeit immer mehr und umfassender in die Familie eingegriffen.

Als Folge dieser Entwicklung wird Familie von vielen als eine Institution verstanden, gegen die von den einzelnen Familienmitgliedern nur noch Ansprüche geltend gemacht werden. Somit ist aber ihre Bedeutung als natürliche Gemeinschaft des Menschen für den Menschen – und damit als gemeinschafts- und persönlichkeitsbildende Kraft aus dem Blick getreten.

Diese wenigen und sehr pauschalen Hinweise sind zugleich der Rahmen für eine Fortschreibung der familienpolitischen Forderungen des Internationalen Kolpingwerkes, und zwar:

1. Eine umfassend verstandene Familienpolitik ist so zu gestalten, daß der Familie als ‚biologische, affektive, erzieherische, kulturelle, soziale und wirtschaftliche‘ Gemeinschaft ihr Freiraum zur Erhaltung und Gestaltung gewährleistet wird. Von diesem Ansatz her sind die gesetzlich vorhandenen Vereinzelungstendenzen, einschließlich der materiellen Förderungsansprüche, kritisch zu prüfen.

2. Förderung der Familie durch Gesellschaft und Staat kann und darf sich nicht auf materielle Leistungen beschränken; Förderung der Familie durch Gesellschaft und Staat muß unbedingt ergänzt werden durch Anerkennung und Erhaltung ihres ideellen Wertes. ‚Familienfreundlichkeit‘ ist keinesfalls nur eine monetäre Größe, sondern sie ist primär ein ideeller Wert, den Gesellschaft und Staat nicht nur zu dulden, sondern zu sichern haben und dessen Erhaltung zu entfalten ist.

3. Familie als Gemeinschaft ist als Rechtsträger in den Verfassungen festzuschreiben, zumindest aber in der familienrelevanten Gesetzgebung abzusichern und von Rechtsprechung und Verwaltung zu beachten. ‚Die Gesamtheit der getroffenen Maßnahmen, die die(se) Rechte den Eheleuten, Eltern und Kindern wirksam und unter Bedingungen bereitstellen und dabei die Natur und die Zielsetzung der Familie achten, begründen tatsächlich die Lebensqualität, die in der Regel alle Menschen anstreben.‘ (Coface-Erklärung vom 2. 10. 78).

Konsequent fordert das Coface für die Familien als Gemeinschaft:
- ,Das Recht auf Freiheit der Lebensgestaltung'
- ,Das Recht auf (Wohn- und Lebens-) Raum'
- ,Das Recht auf (Frei-) Zeit'
- ,Das Recht auf Konsum'

Als katholischer sozialer Verband wissen wir um die religiöse Wirklichkeit von Ehe und Familie in einer Dimension, die über das Gesagte hinausgeht.

Mit allen, die im Sinne der obengenannten Aussagen für die hervorragende Bedeutung von Ehe und Familie eintreten, bejaht das Internationale Kolpingwerk diese allgemeinen Leitlinien als Ansätze und Orientierungsdaten für eine zukunftsweisende Familienpolitik. Die einzelnen Zentralverbände werden diese Leitlinien auf der Basis ihrer staatlichen und gesellschaftlichen Gegebenheiten konkretisieren und fortschreiben.

> *Wie gut oder schlecht die menschliche Ordnung der Dinge auf Erden ist, das geht die Menschen an, die sie zu machen haben.*
>
> *Adolph Kolping*

III Schwerpunkte und Mängel der Familienpolitik in der Bundesrepublik Deutschland seit 1970

Die anschließende Kurzdarstellung der Familienpolitik bleibt ausdrücklich auf Schwerpunkte und die Zeit ab 1970 eingegrenzt. Dies aus mehreren Gründen, so vor allem: Seit Beginn der 70er Jahre scheint in der Politik einerseits Familie als Einheit durch verschiedene Gesetze zugunsten einzelner Familienmitglieder einem direkten Auflösungsprozeß ausgesetzt, andererseits wurden durch unterschiedliche Maßnahmen die gesellschaftlichen (öffentlichen, staatlichen) Kompetenzen gegenüber Familie ausgeweitet und damit Familie indirekt geschwächt. Diese Atomisierung der Familie zum einen und das Zurückdrängen der originären Aufgaben von Familie mit dem damit gekoppelten Verlust der subsidiären Struktur von Gesellschaft gegenüber Familie zum anderen waren auch die zentralen Rahmendaten für die familienpolitischen Bemühungen des Kolpingwerkes in den letzten 10 Jahren. Durchgängiger Ansatz der zahlreichen Erklärungen und Stellungnahmen zur Familienpolitik waren für den Verband die Katholische Soziallehre und deren konkrete Ausfaltung für die Familie. Im zweiten Abschnitt wurden diese grundsätzlichen Aussagen des Kolpingwerkes bereits zusammengefaßt. Die programmatischen Leitlinien waren auch zugleich ständiger Prüfstein für die Feststellung von Mängeln in der neueren und neuesten Familienpolitik.

1. Der Schwerpunkt der Familienpolitik wurde in den letzten 10 Jahren von der Einheit und Ganzheit „Familie" auf verschiedene Mitglieder bzw. Mitgliedergruppierungen der Familie verlagert

Die Schwerpunktverlagerung der Familienpolitik von der Ganzheit „Familie" auf einzelne Familienmitglieder bzw. Mitgliedergruppierungen zeigt sich seit Beginn der 70er Jahre in zahlreichen sehr unterschiedlichen gesetzlichen Maßnahmen. Beispiele dafür sind insbesondere:

- Junge Menschen wurden mit 18 Jahren als volljährig erklärt, ohne allerdings in die volle strafrechtliche Verantwortung genommen zu werden

- Das „neue" Scheidungsrecht eröffnete den Ehegatten ein lediglich von Fristen abhängiges Verlassen des Partners

- Die außerhäuslich abhängig beschäftigte Mutter erhielt einen gesetzlichen Anspruch auf Mutterschaftsurlaub, während die Familienhausfrau leer ausging

- Die Neuregelung des elterlichen Sorgerechts erweiterte einen sachlich nicht begründeten Zugriff des Staates (der Öffentlichkeit, der Gesellschaft) in die Familie und schreibt den Eltern Erziehungsprinzipien vor

- Das Kindesrecht wurde gegen das Elternrecht in der 10 Jahre langen Diskussion um das Jugendhilferecht auszuweiten versucht

- Die „Schwangere", und zwar nicht mit dem Kind, sondern weithin gegen das Kind, wurde insbesondere durch die Garantie der sogenannten sozialen Indikation hervorgehoben

Das Kolpingwerk Deutscher Zentralverband hat in Erklärungen und Stellungnahmen wiederholt auf diese familienfeindlichen, weil die Einheit Familie auflösenden Tendenzen der Politik hingewiesen.

2. Die Zuständigkeiten der Familie wurden zugunsten der Gesellschaft beschnitten

Die im Grundgesetz verankerten originären Rechte und Pflichten der Familie wurden als gesellschaftliche behauptet, die angeblich von Gesellschaft auf die Familie delegiert werden. Solche Behauptungen über Familie, die von der SPD/FDP-Bundesregierung nicht ernsthaft widerlegt wurden, machen deutlich, daß „Familie" letztlich kein eigenes Recht auf Existenz hat, keine vorstaatliche Einrichtung mit originären Aufgaben und Pflichten ist, sondern daß Familie ausschließlich von Gesellschaft und Politik abhängt. Beispiele dafür sind vor allem:

— Die dem 2. Familienbericht zugrunde liegende Tendenz, daß Erziehung eine gesellschaftliche Aufgabe sei, die lediglich von der Gesellschaft an die Eltern delegiert werde

— Die bereits erwähnte Ausweitung des Eingriffsrechts der Öffentlichkeit (des Staates, der Gesellschaft) in die Familie, wie es in der Neuregelung des elterlichen Sorgerechts verankert ist

— Das im Jugendhilfe-Entwurf der Bundesregierung vorgesehene eigenständige Antragsrecht des jungen Menschen

Das Kolpingwerk Deutscher Zentralverband hat diese und weitere familienpolitische Maßnahmen, die die grundgesetzlich abgesicherten Rechte und Pflichten der Eltern unterlaufen, mehrfach in Erklärungen und Stellungnahmen dargestellt und die Politiker zu Korrekturen ihrer Familienpolitik aufgefordert.

3. Die ideelle und materielle Förderung der Familie wurde vernachlässigt

Die Aushöhlung und die damit verbundene Abwertung von Familie durch die Politik ergibt sich bereits aus den Beispielen, wie sie gerade aufgereiht wurden. Familie als ideeller Wert wurde durch die Familienpolitik der letzten 10 Jahre zumindest nicht gefördert, sondern weit eher durch ständiges Herausstellen und Verallgemeinern von Schwächen und Mängeln einzelner Familien abqualifiziert, teils sogar als überwindungsbedürftige „bürgerliche" Einrichtung bezeichnet.

Diese familienfeindlichen Tendenzen fanden ihre konsequente Fortsetzung in der Vernachlässigung der materiellen Förderung der Familie, insbesondere der Mehrkinderfamilie. Als Beispiele können hier genannt werden:

– Die nicht vollzogene Dynamisierung des Kindergeldes

– Das Einfrieren des Kindergeldsatzes beim 3. Kind

– Die mangelhafte Wohnversorgung der sozial schwachen Familien

Das Kolpingwerk Deutscher Zentralverband hat die offenkundige ideelle und materielle Familienfeindlichkeit der Politik seit den 70er Jahren immer wieder herausgestellt und zum Anlaß von konkreten Erklärungen und Stellungnahmen genommen.

IV Erklärungen und Stellungnahmen des Kolpingwerkes Deutscher Zentralverband zu aktuellen Anlässen der Familienpolitik

Die im dritten Abschnitt beispielhaft aufgewiesenen Schwerpunkte und Mängel der Familienpolitik der letzten 10 Jahre waren für das Kolpingwerk Deutscher Zentralverband wiederholt der Anlaß für eigene familienpolitische Erklärungen und Stellungnahmen. Dabei wurden zugleich die programmatischen Aussagen des Verbandes verdeutlicht und konkretisiert.

Die aktuellen familienpolitischen Erklärungen und Stellungnahmen des Kolpingwerkes können in drei Schwerpunkte zusammengefaßt werden, nämlich:

1. Erklärungen und Stellungnahmen zur gefährdeten Einheit der Familie

2. Erklärungen und Stellungnahmen zur Beschneidung des Elternrechts

3. Erklärungen und Stellungnahmen zur ideellen und materiellen Förderung der Familie

Die genannten familienpolitischen Erklärungen und Stellungnahmen des Verbandes sind anschließend nach dieser Gliederung dokumentiert.

1. Erklärungen zur gefährdeten Einheit der Familie

Stellungnahme der Deutschen Kolpingsfamilie zur Diskussion um die Reform des § 218 StGB (9. 10. 1970)

Unter dem Titel der „Strafrechtsreform" ist die Diskussion über den Schutz des werdenden Lebens auch in der Bundesrepublik Deutschland auf breiter Basis angebrochen. Die „Reform"-Juristen plädieren – zumeist pragmatisch – sowohl für die Straffreiheit einer bis einschließlich zum dritten Schwangerschaftsmonat vollziehbaren Abtreibung wie für die allgemeine Lockerung des einschlägigen Strafmaßes. Damit wird das im § 218 StGB geschützte Rechtsgut durch rechtspolitische oder gar modisch gewordene, zum Teil aber bereits wieder überholte „Reformbestrebungen" gefährdet. Die Aussagen und Stellungnahmen der Naturwissenschaftler und Anthropologen, denen in der Beantwortung der Frage nach dem Existenzbeginn des menschlichen Lebens die sachliche Priorität zukommt, werden teils gar nicht gehört, teils mit juristischem Pragmatismus verdeckt. Der Zentralverband der Deutschen Kolpingsfamilie fordert deshalb:

1. Rechtspolitische „Reformen" haben sich dem Schutz des werdenden Lebens und damit des Menschen überhaupt unterzuordnen. Wenn stichhaltige Argumente fehlen, hat sich der Gesetzgeber ausschließlich an der Priorität des zu schützenden Rechtsgutes zu orientieren.

2. Jegliche Neufestsetzung der Existenz des im § 218 StGB geschützten menschlichen Lebens, dessen Beginn bisher mit der Vereinigung von Samen- und Eizelle gesehen wurde, ist positiv wissenschaftlich zu begründen. Ein Dualismus von Rechtspolitik und moderner wissenschaftlicher Aussage wird von der Deutschen Kolpingsfamilie damit entschieden und mit Nachdruck abgelehnt!

3. Kein Sachverhalt – allenfalls der der medizinischen Indikation – rechtfertigt nach dem Stand der wissenschaftlichen Fachdiskussion die Tötung des ungeborenen Menschen.

Damit wird keinesfalls an einer ausschließlich im Buchstaben verfangenen (objektiven) Interpretation des § 218 StGB festgehalten; vielmehr ist zu überprüfen, ob und inwieweit infolge der derzeitigen Diskussion die subjektiven Voraussetzungen für die Strafbarkeit im Einzelfall gegeben sind. Der richterlichen Entscheidung kommt hier besondere Verantwortung zu.

Stellungnahme des Kolpingwerkes Deutscher Zentralverband zum Referentenentwurf in Sachen Schwangerschaftsabbruch (5. 2. 1972)

Am 28. 10. 1971 wurde der Referentenentwurf zum 5. Strafrechtsreformgesetz vom Justizministerium den Bundesländern und anderen Stellen zur Stellungnahme zugeleitet. Wenn auch dieser Entwurf als „noch der ausführlichen Diskussion" bedürftig bezeichnet wird, so läßt er doch den Rahmen erkennen, in dem die derzeit gültigen Strafvorschriften über den Schwangerschaftsabbruch geändert werden sollen. Dazu stellt der Zentralvorstand des Kolpingwerkes Deutscher Zentralverband in Bezugnahme auf seine Erklärung vom 9. Oktober 1970 fest:

1. Die Bejahung der Indikationslösung und damit die Ablehnung des Fristenprinzips ist grundsätzlich zu begrüßen. Damit wurden die Befürworter einer bis einschließlich zum 3. Monat willkürlich geforderten Freigabe des Schwangerschaftsabbruches eindeutig in die Schranken verwiesen.

2. Trotz des ausdrücklichen Eintretens für die Indikationslösung kann sich der Zentralvorstand des Kolpingwerkes Deutscher Zentralverband wegen der vorgesehenen, sachlich aber nicht begründeten Ausweitung der Indikationsfälle keinesfalls mit dem vorliegenden Referentenentwurf solidarisch erklären.

a) So sind für die medizinische Indikation neben physischen und psychischen auch soziale Umstände als Gründe vorgesehen. Nach neuesten Aussagen von Minister Jahn soll den sozialen Gegebenheiten sogar eine besondere vorrangige Bedeutung zukommen. Eine derartige Akzentverschiebung des Gesundheitsbegriffs ist schlechthin nicht mit der Gesundheitsdefinition der Weltgesundheitsorganisation vom 22. 7. 1946 zu vereinbaren; daher lehnt der Zentralvorstand des Deutschen Kolpingwerkes diesen Versuch des Bundesministeriums der Justiz, die soziale Indikation über den Umweg der medizinischen gar als eigenen Tatbestand einzuführen, als unbegründeten Opportunismus und mit dem Grundgesetz unvereinbar entschieden ab.

b) Ebenso ist die im Entwurf vorgesehene genetische oder kindliche Indikation trotz ausdrücklicher gegenteiliger Behauptung wegen der nicht auszuklammernden Gefahr einer mindestens indirekten Befürwortung der Euthanasie grundsätzlich zurückzuweisen, zumal eine vorgeburtliche Schädigung des werdenden Lebens leichter zu behaupten als wissenschaftlich nachzuweisen ist.

c) Die dritte im Entwurf formulierte Indikation bei Fällen aufgezwungener Schwangerschaft, bislang in der Diskussion zumeist als ethische oder kriminelle auf den Vergewaltigungstatbestand eingeengt, wird auf angeblich analoge strafbare Handlungen, so zum Beispiel auf den sexuellen Mißbrauch von Widerstandsunfähigen und Kindern erweitert. Auch diese Indikationsfälle, im Entwurf zwar auf die ersten 12 Wochen beschränkt, sind nicht nur wegen ihres grundsätzlich willkürlichen Mißbrauchs, sondern vor allem im Interesse und zum Schutz des werdenden Lebens schlechthin abzulehnen.

3. Der Zentralvorstand des Kolpingwerkes Deutscher Zentralverband stimmt mit dem Bundesministerium der Justiz darin überein, daß Strafrechtsvorschriften nur beschränkt das Abtreibungsproblem zu lösen vermögen. Gerade deshalb sind um so größere Anstrengungen seitens der Politiker, der freien Verbände und der Kirchen zu unternehmen,

endlich sachentsprechende, d.h. den gesamten Menschen umgreifende Hilfen zu entwickeln und anzubieten.

Stellungnahme des Kolpingwerkes Deutscher Zentralverband zum Regierungsentwurf eines 5. Gesetzes zur Reform des Strafrechts (8. 4. 1972)

Am 9. 2. 1972 hat das Bundeskabinett den vom Bundesminister der Justiz, Jahn, vorgelegten Entwurf zum Schwangerschaftsabbruch und freiwilliger Sterilisation beschlossen. Zu den angeblichen Reformbestrebungen des § 218 StGB hat das Kolpingwerk bereits wiederholt Stellung genommen, so in Erklärungen des Zentralvorstandes vom 9. 10. 1970 und vom 5. 2. 1972.

In Fortschreibung dieser Erklärungen gibt das Kolpingwerk Deutscher Zentralverband zu dem beschlossenen Kabinettsentwurf folgende Stellungnahme ab:

1. a) Der Beginn menschlichen Lebens ist nicht mit dem allgemeinen Hinweis auf eine „schon heute weit verbreitete Auffassung" (s. Informationen des Bundesministers der Justiz Nr. 14/1972 vom 9. 2. 1972 S. 3), sondern wissenschaftlich zu begründen. Die im Entwurf vorgesehene Einnistung des befruchteten Eies in die Gebärmutter (§ 218 Abs. 5) als Schwangerschaftsbeginn entbehrt somit jeglicher wissenschaftlichen Grundlage. Außerdem ist dieser Vorschlag des derzeitigen Kabinetts letztlich mit einem fristengebundenen Schutz wehrlosen menschlichen Lebens (Freigabe des Schwangerschaftsabbruches für die ersten 12 Tage nach der Empfängnis) gleichzusetzen.

b) Die gegenüber dem Referentenentwurf nun inhaltlich eingeführte soziale Indikation (§ 219 d: Abbruch der Schwangerschaft wegen allgemeiner Notlage) dient ebensowenig wie die Bestimmungen des § 219 b (Abbruch der Schwangerschaft wegen Schädigung der Leibesfrucht), des § 219 c (Abbruch einer aufgezwungenen Schwangerschaft) nicht dem Schutz menschlichen Lebens, vielmehr wird dadurch die Tötung jeglichen unerwünschten ungeborenen Lebens ermöglicht. Dies resultiert insbesondere aus der in der Regierungsvorlage aufgeführten Formulierung, daß schon die Abwendung der „Gefahr einer schwerwiegenden Notlage" als Begründung dieser Indikation ausreicht (§ 219d Z. 2).

Die mit diesen Indikationen implizierte umfassende Gefährdung menschlichen Lebens wird noch durch die Bestimmungen des § 219i potenziert, wonach ein Irrtum über eine Indikation nur bei „Leichtfertigkeit" strafbar sein soll.

c) Die im Regierungsentwurf vorgesehene Beratung des Arztes, der den Eingriff vornimmt, nur durch einen anderen Arzt (§ 220), verhindert trotz der weitgehend erforderlichen Einwilligung der Schwangeren einerseits jegliche Objektivierung der Entscheidung, belastet andererseits unnötigerweise den beratenden wie den eingreifenden Arzt.

Das Kolpingwerk Deutscher Zentralverband weist schon aus diesen genannten Gründen die von der derzeitigen Bundesregierung beschlossene Reform des § 218 StGB mit aller Entschiedenheit und umfassend zurück.

2. Die u.a. vorgesehene Sterilisation (d.h. „eine Behandlung, die zu dem Zwecke vorgenommen wird, die Fähigkeit zur Zeugung oder Empfängnis dauernd zu beseitigen"; Entwurf § 226b Abs. 7) für solche Frauen bzw. Männer, die mindestens 4 Kinder haben (ebd. Abs. 2 Z.2) legt u.a. den Verdacht nahe, daß über diesen Umweg ein anderwärts bestimmtes gesellschaftspolitisches Leitbild für die Familie eingeführt wird, das sowohl die selbstverantwortete Elternschaft als auch den grundgesetzlichen Schutz der Familie nicht nur gefährdet, sondern indirekt aufzuheben droht. Das Kolpingwerk lehnt derartige familienpolitische Manipulationen weittragenden gesellschaftspolitischen Gehalts mit allem Nachdruck ab.

Der Zentralvorstand des Kolpingwerkes Deutscher Zentralverband fordert die Bundesregierung, alle verantwortungsvollen gesellschaftlichen Kräfte auf, weder bei diesem noch bei anderen Reformvorhaben den eigentlichen Grund und das Ziel aller Reformen, nämlich die Erhaltung und Entfaltung menschlichen Lebens, insbesondere des wehr- und schuldlosen menschlichen Lebens, nicht auszuklammern. Seine Mitglieder und alle fortschrittlichen Menschen moderner Gesellschaft ruft das Kolpingwerk auf, jegliche außerhalb des Menschen gegründete Politik und jeden nur auf Macht abzielenden Vollzug von Politik kritisch aufzudecken und mit größter Schärfe zurückzuweisen. Politische Macht heute und morgen hat der Erhaltung und Entfaltung menschlichen Lebens zu dienen! Vernichtung menschlichen Lebens lehnt das Kolpingwerk als Kriterium eines totalitären Systems, als Pervertierung politischer Macht gegen den Menschen mit aller Entschiedenheit ab.

Das Kolpingwerk will dabei die nicht unerheblichen Schwierigkeiten vieler Mütter keineswegs verniedlichen oder gar verschweigen. Der Verband ist bereit, an der Entwicklung einschlägiger Hilfsmaßnahmen mitzuarbeiten.

Stellungnahme des Kolpingwerkes Deutscher Zentralverband zum Fristenmodell der SPD/FDP (12. 4. 1973)

Trotz des wachsenden Widerstandes von Gynäkologen, Juristen und vieler weiterer Fachwissenschaftler (Volkswirtschaftler, Bevölkerungsstatistiker, Ethiker, Moraltheologen), in Mißachtung der negativen Erfahrungen in zahlreichen anderen Ländern haben die Bundestagsfraktionen der SPD und FDP gegen ihren Justizminister und gegen den Entwurf ihrer eigenen Koalitionsregierung vom 9. 2. 72 jetzt in Sachen § 218 StGB die Fristenregelung beschlossen. Danach soll die Abtreibung des ungeborenen und wehrlosen Lebens in den ersten drei Monaten straffrei bleiben.

Aufgrund der im Entwurf vorgesehenen Übernahme der Abtreibungskosten durch die Krankenkassen wird die Schwangerschaft letztlich mit Krankheit gleichgesetzt.

In der Regierungserklärung hat der Bundeskanzler die Qualität des Lebens als Schwerpunkt künftiger Politik festgeschrieben. Der Kanzler selbst prägte am 18. 1. 73 den Satz: „Politik ist im Kern immer das Produkt geistiger und moralischer Entscheidungen". Wir unterstützen diese Forderung, stellen aber zudem mit allem Nachdruck fest: Lebensqualität hat beim schwächsten, völlig schutzlosen Leben zu beginnen.

Das Kolpingwerk Deutscher Zentralverband hat sich in verschiedenen Erklärungen – vom 9. 10. 70, 5. 2. 72, 8. 4. 72 – für die im Grundgesetz verankerte „unantastbare Würde des Menschen" (Artikel 1) eingesetzt. Die Bundesregierung, alle verantwortungsbewußten gesellschaftlichen Kräfte wurden vom Kolpingwerk wiederholt aufgerufen, den eigentlichen Grund und das Ziel aller Reformen, nämlich die Erhaltung und Entfaltung menschlichen Lebens, insbesondere des wehr- und schutzlosen Lebens, nicht zu verleugnen.

Das Kolpingwerk Deutscher Zentralverband begnügt sich jedoch nicht mit Forderungen an die Politiker, sondern ist u.a. zur Mitarbeit in den einschlägigen Beratungsstellen bereit und plant eigene Ferienangebote für die unvollständige Familie in seinen Familienferienheimen.

Das Kolpingwerk Deutscher Zentralverband fordert deshalb abermals alle, die sich ernsthaft und tatsächlich um den Frieden bemühen, zum umfassenden Widerstand gegen jegliche Mißachtung menschlichen Lebens auf. Denn: Frieden beginnt dort, wo gerade den Schwachen das Recht auf Leben zugestanden wird.

Erklärung des Kolpingwerkes Deutscher Zentralverband zu der Entscheidung des Bundesverfassungsgerichts zum § 218 StGB (4. 3. 1975)

Das Kolpingwerk Deutscher Zentralverband hat schon seit 1970 in verschiedenen Erklärungen zur Diskussion um den § 218 StGB Stellung bezogen, zuletzt im April 1973.

Tenor all dieser Erklärungen war: Auf der Basis unseres Grundgesetzes (Artikel 1 und 2) ist das ungeborene menschliche Leben unantastbar. Die Bundesregierung und alle verantwortungsbewußten gesellschaftlichen Kräfte wurden vom Kolpingwerk wiederholt aufgerufen, den eigentlichen Grund und das Ziel aller Reformen, nämlich die Erhaltung und Entfaltung menschlichen Lebens, insbesondere des wehrlosen und schutzlosen menschlichen Lebens, nicht zu verleugnen.

Mit der Entscheidung des Bundesverfassungsgerichtes vom 25. Februar 1975 wurden diese Grundauffassungen des Kolpingwerkes bestätigt, die Fortentwicklung der Reform des § 218 StGB erfordere neue Überlegungen und Zeit. Das Kolpingwerk bleibt bei seiner Auffassung über den Schutz des ungeborenen menschlichen Lebens und bei seinen Vorschlägen zur Reform des § 218 StGB.

Das Kolpingwerk Deutscher Zentralverband ersucht alle Mitbürger, im Sinne der Erhaltung ungeborenen menschlichen Lebens durch Rat und Hilfe den betroffenen Menschen beizustehen. Der Verband plant seinerseits eigene Hilfsprogramme für unvollständige Familien in den Familienferienstätten und Kolpinghäusern. Insbesondere bietet das Kolpingwerk seine Mitarbeit in einschlägigen Beratungsstellen an. Es fordert seine Mitglieder mit allem Nachdruck auf, die hilfsbedürftigen Menschen mit entsprechenden Beratungsssstellen in Verbindung zu bringen.

Erklärung des Kolpingwerkes Deutscher Zentralverband zur Abtreibungspraxis (19. 6. 1979)

Das Kolpingwerk Deutscher Zentralverband hat bereits vor Jahren in aller Schärfe gegen die Abtreibungsregelungen Stellung bezogen (Erklärungen vom 9. 10. 70; 5. 2. 72; 8. 4. 72; 12. 4. 73; 4. 3. 75). Die Stellungnahmen hoben immer wieder hervor: Der Schutz der Würde des Menschen gilt auch für das ungeborene, besonders wehrlose und schuldlose menschliche Leben. Die von der SPD/FDP-Koalition verabschiedete Indikationenlösung, wonach auch bei sogenannten „sozialen Notlagen" die Beseitigung wehrlosen menschlichen Lebens möglich ist, droht mehr und mehr zum „Recht" auf Abtreibung umfunktioniert zu werden. Die offizielle Bilanz der Entwicklung spricht für das Jahr 1978 von 73 552 Abtreibungen; etwa 67 % davon sollen aus sozialen Notlagen vorgenommen worden sein.

Diese neue Entwicklung war auch Anlaß eines Briefwechsels zwischen dem Präsidenten des Zentralkomitees der deutschen Katholiken, Herrn Prof. Dr. Maier, und dem Bundesminister der Justiz, Herrn Dr. Hans-Jochen Vogel.

Das Kolpingwerk stellt angesichts dieser Entwicklung abermals fest:

1. Die grundgesetzlich garantierte Würde des Menschen gilt auch für das ungeborene, wehrlose und schuldlose menschliche Leben.

2. ,,Soziale Notlagen" sind kein hinreichender Grund für die Beseitigigung wehrlosen menschlichen Lebens. Die hohe Zahl der Abtreibungen wegen sozialer Notlagen in einem so hochindustrialisierten Sozialstaat wie der Bundesrepublik ist ein politischer Skandal.

3. Abtreibungen mit dem wiederholt vernehmbaren Hinweis auf ,,Legalität" zu entschuldigen oder gar zu unterstützen, verrät die Denkweise der politisch Verantwortlichen. Ärzte und Krankenhausträger, die schuld- und wehrloses Leben schützen wollen und keine Abtreibungen vornehmen, verdienen Respekt und dürfen nicht als rückständig diffamiert werden. Wer sich auf sein Gewissen beruft und Abtreibungen ablehnt, darf nicht mit dem Vorwurf bedacht werden, er unterlaufe das Gesetz oder er unterwerfe sich einem Gewissenskollektiv.

Das Kolpingwerk Deutscher Zentralverband verweist ausdrücklich auf seine programmatische Aussage, mit allen Gruppierungen zusammenzuarbeiten, die seinen Zielen nicht entgegenstehen und zu einer sachgerechten Zusammenarbeit bereit sind (Programm '76, Nr. 16). Politische Parteien und andere Gruppierungen, welche die liberalisierte Abtreibungspraxis und damit den Angriff auf schuldloses und wehrloses Leben vertreten, erschweren dadurch das Gespräch und die Zusammenarbeit mit dem Verband.

Das Kolpingwerk fordert alle Politiker mit großem Nachdruck auf, unverzüglich Initiativen zu ergreifen, um durch verbesserte Hilfen für die in Not und Konflikt geratenen Frauen und Mütter wirksamer als bisher zu helfen. Insbesondere muß die Beratung nachdrücklich darauf gerichtet sein, die in Not geratene Mutter zum Austragen des Kindes zu bewegen. Überzeugend wird diese Beratung aber erst dann, wenn praktische Hilfen auch nach Geburt des Kindes mehr als bisher die Mutter oder die Familie begleiten.

Stellungnahme des Kolpingwerkes Deutscher Zentralverband zum Erfahrungsbericht des § 218 StGB (23. 5. 1980)

Am 31.1.1980 (ausgeliefert Ende Februar) wurde der ,,Bericht der ,Kommission zur Auswertung der Erfahrungen mit dem reformierten § 218 des Strafgesetzbuches'" mit der ,,Stellungnahme der Bundesregierung" (beides Bundestagsdrucksache 8/3630) veröffentlicht. Das Kolpingwerk Deutscher Zentralverband ist bereits im Jahre 1970 entschieden für den Schutz ungeborenen menschlichen Lebens eingetreten und hat einer Minderung des Schutzes ungeborener Kinder energisch widersprochen. Seither ist diese Forderung seitens des Verbandes mehrere Male wiederholt worden.

Der nun vorliegende Bericht über ,,Erfahrungen" mit dem § 218 StGB ist als eine Bestätigung der vom Verband schon vor einem Jahrzehnt formulierten Befürchtungen einzuordnen: Der Schutz des ungeborenen Kindes ist durch die sogenannte Reform des § 218 StGB nicht erweitert, sondern vermindert worden. Die entsprechenden Abtreibungsstatistiken beweisen das unbestreitbar. Dem Rechtsbewußtsein hat die vollzogene Reform erheblichen Schaden zu Lasten des wehrlosen menschlichen Lebens zugefügt. Wenn in vielen Bereichen unserer Gesellschaft unwidersprochen vom ,,Recht auf Abtreibung" die Rede ist, und wenn dem Rechtsgut menschliches Leben die Autonomie der Persönlichkeit als gleichrangig oder gegebenenfalls sogar höherwertig gegenübergestellt werden kann, so markiert dies einen Bewußtseinswandel, der weitreichende Konsequenzen befürchten läßt.

Angesichts dieser Tatsachen stellt das Kolpingwerk Deutscher Zentralverband fest:

1. Der Erfahrungsbericht ist – unabhängig von der äußerst einseitigen wissenschaftlichen Bearbeitung der anstehenden Probleme – ein Dokument, das den Fehlschlag der „Reform des § 218 StGB" mit Nachdruck aufweist.

2. Die Stellungnahme der Bundesregierung zu diesem Bericht versucht, die gescheiterte § 218 StGB-Reform zu verschleiern.

In nachdrücklicher Unterstützung der eindeutigen Aussagen des Vorsitzenden der Deutschen Bischofskonferenz, ebenso des Kommissariates der Deutschen Bischöfe in Bonn zum Erfahrungsbericht und zur Stellungnahme der Bundesregierung fordert das Kolpingwerk Deutscher Zentralverband alle verantwortlichen Politiker auf, aus der Bundestagsdrucksache 8/3630 unverzüglich zum wirksameren Schutze des ungeborenen Kindes politische Konsequenzen zu ziehen. Der von der Regierung abermals verschleierte Reformskandal kann von verantwortlichen Parlamentariern nicht länger hingenommen werden. Das Kolpingwerk unterstützt ebenso die einschlägigen Initiativen seiner Diözesanverbände, dem menschlichen Leben zu dienen. Alle Mitglieder des Verbandes werden aufgefordert, ihre Hilfsmöglichkeiten für das ungeborene Kind auszubauen.

Stellungnahme des Kolpingwerkes Deutscher Zentralverband zur Familienpolitik der F.D.P. (17. 9. 1980)

„Für das Kolpingwerk stellen Ehe und Familie die wichtigste Voraussetzung zur personalen Entfaltung des Menschen in der Gesellschaft dar. Ohne Existenzsicherung von Ehe und Familie ist die Entwicklung einer menschenwürdigen Gesellschaft nicht möglich." (Paderborner Programm Zr. 26)

Diese Wertung von Ehe und Familie ist auch in Artikel 6 des Grundgesetzes der Bundesrepublik Deutschland abgesichert. Nach den Entscheidungen des Bundesverfassungsgerichtes sind Ehe und Familie als Institutionen geschützt (BVerfGE 6,72).

Die „Grundsätze der Familienpolitik" der F.D.P. zerstören den verfassungsrechtlichen Schutz von Ehe und Familie als Institutionen. Die „liberale Familienpolitik" bestimmt: „Als Familien gelten ein oder mehrere Sorgeberechtigte mit einem oder mehreren Kindern." (Liberale Argumente. Familienpolitik. 7/80, S. 6).

Damit weitet die F.D.P. die „Liberalisierung" der Gesellschaft, wie sie in den Freiburger Thesen gefordert wird, zur Individualisierung von Gemeinschaft aus. In letzter Konsequenz führt dieser Individualismus sogar zur Aufhebung jeglicher Organisation. Letzte Station dieser Konsequenz ist die Anarchie.

Auf der Basis des Grundgesetzes, der Entscheidungen des Bundesverfassungsgerichtes und seines eigenen Programms weist das Kolpingwerk mit größtem Nachdruck jegliche Versuche zurück, längst überholte individualistische Vorstellungen als „neue Formen" von Familie anzupreisen.

Die Rettung des Menschengeschlechts fängt bei der Familie an.
Adolph Kolping

2. Erklärungen zur Beschneidung des Elternrechts

Stellungnahme des Kolpingwerkes Deutscher Zentralverband zur Vorlage des Jugendhilfegesetzes für die Kabinettsberatungen (12. 12. 1974)

Die Diskussion um die „Reform" des Jugendwohlfahrtsgesetzes ist abermals in eine neue Phase eingetreten. Schon im März 1973 war der Diskussionsentwurf eines Jugendhilfegesetzes erschienen; ein Jahr später folgte der Referentenentwurf. Vor einigen Wochen wurde ein weiterer Entwurf bekannt, den Frau Minister Focke als „Vorlage für die Kabinettsberatungen" bezeichnete.

Wenn auch in dieser Vorlage eines Jugendhilfegesetzes verschiedene Verbesserungen in der Formulierung aufzuweisen sind, stellt das Kolpingwerk Deutscher Zentralverband trotzdem weiterhin zahlreiche grundsätzliche Mängel fest, so zum Beispiel:

— Die „Persönlichkeitsentfaltung" des jungen Menschen scheint lediglich an Bedürfnissen und Wünschen des Individuums orientiert; zu dem in Artikel 2 des Grundgesetzes verankerten Recht auf „freie Entfaltung" der Person gehört aber auch die Entfaltungsmöglichkeit in der sozialen Bezogenheit.

— Die Rechte und Pflichten der Eltern bzw. Erziehungsberechtigten scheinen auf die Pflichten reduziert; das in Artikel 6 des Grundgesetzes „zuvörderst" den Eltern garantierte Recht auf Erziehung wird somit unterlaufen.

— Dem öffentlich-rechtlichen Träger wird durchgängig die Vorrangigkeit eingeräumt; dadurch sind die in Artikel 9 und Artikel 19 des Grundgesetzes abgesicherte Bestands- und Funktionsfähigkeit freier Träger von Jugendhilfe bedroht.

Die hier nur exemplarisch aufgezeigten Tendenzen der JHG-Vorlage für die Kabinettsberatungen bewertet das Kolpingwerk Deutscher Zentralverband als grundlegende gesellschaftspolitische Mängel. Zudem können nach den einschlägigen Kommentaren sogar Widersprüche zum Grundgesetz nicht ausgeschlossen werden. Außerdem sind die auch in der Vorlage für die Kabinettsberatungen des Jugendhilfegesetzes enthaltenen Bestimmungen mit Ansätzen, Zielen und Inhalten einer modernen Jugendarbeit kaum vereinbar.

Das Kolpingwerk Deutscher Zentralverband verlangt von einem „neuen" Jugendhilferecht inbesondere:

— die klare Berücksichtigung der im Grundgesetz verankerten Freiheiten für alle Betroffenen: für die jungen Menschen, die Eltern wie auch die Träger von Jugendhilfe;

— die dem Grundgesetz eigene Vereinigungsfreiheit der Assoziation als „Gesellschaftsform", ebenso das subsidiäre Staatsverständnis sind zu wahren und auszubauen;

— die Jugendarbeit der freien Verbände ist gesetzlich so abzusichern, daß sachlich-inhaltliche Bildung auch in Zukunft möglich ist und entsprechend gefördert wird.

Erklärung des Kolpingwerkes Deutscher Zentralverband zur „Jugendhilfediskussion" (10. 5. 1979)

Nach mehrmaligen Anläufen und langjähriger Diskussion hat die Bundesregierung ihren Entwurf eines Jugendhilfegesetzes, das das derzeitige Jugendwohlfahrtsgesetz ablösen soll, dem Deutschen Bundestag vorgelegt. Gleichzeitig leitete die Landesregierung Baden-Württemberg über den Deutschen Bundesrat dem Bundestag einen Entwurf mit der gleichen Zielsetzung zu.

Wegen der in diesen Entwürfen implizierten gesellschaftspolitischen, also nicht nur jugendpolitischen Bedeutung beschränkt sich das Kolpingwerk Deutscher Zentralverband zu dieser Diskussion auf einige grundsätzliche Hinweise, die s.E. für die Neuordnung des gesamten Jugendhilfebereichs von Bedeutung sind, und zwar:

1. Pflege und Erziehung der Kinder ist das natürliche Recht der Eltern und die ihnen zuvörderst obliegende Pflicht. Konsequent hat jegliche „Jugendhilfe" gegenüber der Familie subsidiäre Kompetenzen und Aufgaben.

2. Subsidiarität impliziert konsequent die anregende, unterstützende und fördernde Tätigkeit der Öffentlichkeit, d.h. letztlich des Staates, und dies gegenüber den Familien und den freien Trägern von „Jugendfürsorge" wie „Jugendpflege".

3. Die Subsidiarität von öffentlichen Hilfen für Betroffene (Familien wie junge Menschen), ebenso die entsprechende Förderung dieser Hilfen ist nicht durch perfektionistische Verrechtlichung, sondern weit mehr durch entsprechende Generalklauseln abzusichern.

4. Weder ideologisch noch pragmatisch begründete Antagonismen von Familie und Gesellschaft, von freien und öffentlichen Trägern, sondern subsidiäre, sachlich begründete und fachlich vollzogene Angebote können den Familien, den betroffenen jungen Menschen notwendige Hilfen vermitteln.

Diese und weitere grundsätzlichen gesellschaftspolitischen Leitlinien sind nach Meinung des Kolpingwerkes für die Neuordnung des „Jugendhilfebereichs" unverzichtbar. Eine kritische und differenzierte Prüfung der beiden oben erwähnten Gesetzesinitiativen führt zu dem Ergebnis, daß die gesellschaftspolitischen Leitlinien des Kolpingwerkes weit eher im Gesetzesentwurf von Baden-Württemberg beachtet scheinen, als dies in der Vorlage der Bundesregierung gegeben ist. Der Verband ist davon überzeugt, daß diese seine Bewertung von fachkundigen und sachlich engagierten Trägervertretern und Politikern geteilt wird.

Stellungnahme des Kolpingwerkes Deutscher Zentralverband zum Hearing des 13. Ausschusses des Deutschen Bundestages (Ausschuß Jugend, Familie, Gesundheit) zur JHG-Vorlage der Bundesregierung (19. 6. 1979)

Im öffentlichen Hearing, das der Bundestagsausschuß für Jugend, Familie, Gesundheit zum Gesetzentwurf der Bundesregierung (Entwurf eines Sozialgesetzbuches – Jugendhilfe – ; Drucksache 8/2571) am 12. Juni 1979 veranstaltete, traten abermals insbesondere die unterschiedlich ordnungspolitischen Auffassungen über Inhalt, Aufgaben und Struktur von Jugendhilfe zutage. Neben den Vertretern der Jugendhilfeträger und -institutionen wurden seitens des Ausschusses auch Experten zu den Fragen des ,,Was" und ,,Wie" der Regelungen für Jugendhilfe gehört.

Die unterschiedlichen Darlegungen der Vertreter der Verbände und Institutionen wie der Experten nimmt das Kolpingwerk zum Anlaß, nochmals auf folgende Notwendigkeiten für eine Fortschreibung der Jugendhilfe hinzuweisen:

1. Die Regelungen für Jugendhilfe müssen verständlich und justitiabel sein. Dies bedeutet: Zahlreiche mit angeblicher wissenschaftlicher (soziologischer, psychologischer o.a.) Terminologie überlastete Formulierungen der Regierungsvorlage sind zu kürzen bzw. ersatzlos zu streichen und für die Exekutive (für freie und öffentliche Träger) und die Judikative (für die jeweils zuständigen Gerichte) handhabbar zu machen. Die vor allem im Bereich der ,,Jugendfürsorge" angebrochene Entkriminalisierung darf nicht durch eine nur noch gefährlichere Welle unangemessener diagnostisch-therapeutischer Techniken mit zumeist nur amateurhafter Prägung ersetzt werden.

2. Die Struktur von Jugendhilfe ist durch klare Festschreibung der Subsidiarität einerseits der Jugendhilfe gegenüber der Familie und andererseits der öffentlichen Träger gegenüber den freien Trägern im Interesse der betroffenen Menschen abzusichern. Dies bedeutet: Die Formel ,,Partnerschaftliche Zusammenarbeit" ist aus theoretischen und

praktischen Gründen aus der Vorlage zu entfernen und zugunsten verfassungsrechtlich verankerter und praktikabler Bestimmungen im Sinne des § 5 JWG zu ändern.

3. Die der Regierungsvorlage anscheinend immer noch zugrunde liegenden Grundwidersprüche zwischen Kindesrecht und Elternrecht, zwischen Familie und Jugendhilfe, ebenso zwischen freien und öffentlichen Trägern, sind in einem fortgeschriebenen Jugendhilfegesetz aus theoretischen wie praktischen Gründen im Interesse der Menschen- und Ortsnähe der Jugendhilfe, also zugunsten der Familie und der freien Träger zu regeln. Dies bedeutet: Sowohl die diesbezüglichen zahlreichen Widersprüche zwischen Gesetzestext und Begründungstext sind aufzuheben, des weiteren ist die Gesamtvorlage der Bundesregierung auf der Basis ihrer eigenen Stellungnahme zum Vierten Jugendbericht gerade hinsichtlich dieser Grundwidersprüche neu zu bearbeiten.

4. Die eben erst verabschiedeten Bestimmungen zum elterlichen Sorgerecht sind jugendhilfe-adäquat in die Vorlage einzuarbeiten. Dies bedeutet: Alle einschlägigen Bestimmungen des elterlichen Sorgerechts müssen in Ansatz, Inhalt und Folgen auf die Zielsetzung der Jugendhilfe kritisch geprüft werden; die Regierungsvorlage Jugendhilfe ist konsequent grundlegend zu überarbeiten.

Mit kritischer Aufmerksamkeit nimmt das Kolpingwerk zur Kenntnis, daß die im Hearing vollzogenen negativen Äußerungen gegenüber den subsidiären Strukturen der Jugendhilfe keinerlei sachliche und fachliche Begründungen beinhalten, daß die Verfechter der Subsidiarität hingegen mehrfach theoretische und praktische Hinweise für ihre Aussagen vorbrachten.

Das Kolpingwerk Deutscher Zentralverband als ein namhafter bundesweiter Träger von Jugendarbeit erinnert nochmals an seine früheren Aussagen zur Jugendhilfe, vor allem verweist es auf seine Erklärung zur „Jugendhilfe-Diskussion" vom 10. Mai 1979.

Der Verband ersucht die freien gesellschaftlichen Gruppierungen und die verantwortlichen Politiker, im Interesse der von Jugendhilfe betroffenen Menschen ein sachlich und fachlich abgesichertes und praktikables eigenständiges Jugendhilfe-Gesetz zu erarbeiten und zu unterstützen.

Stellungnahme des Kolpingwerkes Deutscher Zentralverband zum Fünften Jugendbericht (23. 5. 1980)

Am 20. 2. 1980 (ausgeliefert am 13. 3. 1980) ist der Fünfte Jugendbericht erschienen: (Drucksache 8/3684: Bericht über Bestrebungen und Leistungen der Jugendhilfe – Fünfter Jugendbericht – Stellungnahme der Bundesregierung zum Fünften Jugendbericht, und Drucksache 8/3685: Bericht über Bestrebungen und Leistungen der Jugendhilfe – Fünfter Jugendbericht –.) Entsprechend den gesetzlichen Vorschriften (§ 25 Abs. 2 JWG) hat der vorliegende Bericht einen Überblick über die gesamte Jugendhilfe zu vermitteln.

Zu Inhalt und Methode des Fünften Jugendberichtes, einschließlich der Stellungnahme der Bundesregierung zu diesem Bericht, stellt das Kolpingwerk Deutscher Zentralverband vor allem fest:

1. Der Fünfte Jugendbericht wird auch in seiner Langfassung dem gesetzlichen Auftrag, einen Überblick über die „gesamte Jugendhilfe" zu vermitteln, nicht gerecht. Die Kommission hat sich, nach ihrer eigenen Aussage, darauf beschränkt, . . . „anstelle einer . . . Gesamtdarstellung, die ihr von Entwicklungsstand, Bedeutung und Problematik her besonders wichtig erscheinenden Bereiche auszuwählen und darin vor allem bilanzierend und Entwicklungen bewertend herauszuarbeiten, . . ." (8/3685, S. 4). Kriterien für die von der Kommission ausdrücklich artikulierte Bewertung von Entwicklungen werden nicht aufgewiesen. Daher wird der Fünfte Jugendbericht dem gesetzlichen Auftrag nicht gerecht.

2. Im Fünften Jugendbericht wird von den Sachverständigen grundsätzlich die quantitative statistische Darstellung

durch die „qualitative", zumeist „strukturbedingte" Analyse ersetzt (vgl. ebd. S. 3 f.). Damit setzt der Bericht abermals Bewertungen voraus, ohne bereit zu sein, diese Bewertungen durch Fakten zu belegen. Eine solche Art und Weise von Bewertungen (einschlägiger Tatsachen) wird heutiger wissenschaftlicher Erkenntnis in keiner Weise mehr gerecht.

3. Nach Darstellung der Bundesregierung zielt die strategische Konzeption des Fünften Jugendberichtes auf „Richtungsänderung und neue Weichenstellung" der Jugendhilfe und Jugendpolitik (vgl. S. V in DR 8/3684). Da der Bericht dieses Neue inhaltlich nicht klar bestimmt, sondern nur andeutet, bleiben letztlich Ziele und Inhalte dieser neuen Richtung offen.

4. Die Stellungnahme der Bundesregierung zum Fünften Jugendbericht greift die grundsätzlichen Schwächen des Berichtes nicht auf. Nur vereinzeind weist sie Aussagen des Berichtes als „Überzeichnungen" zurück (vgl. IV). Dies macht die Bundesregierung insbesondere dann, wenn von der Kommission Folgen ihrer Jugend- und Familienpolitik als negativ bewertet werden.

Insgesamt ist der Fünfte Jugendbericht einseitig und auf der Grundlage sozialistischer Gesellschaftsvorstellungen erstellt. Für die betroffenen jungen Menschen, ebenso für die Familien, können aus diesem Bericht keinerlei brauchbare Hilfen zur Bewältigung der Situation entnommen werden. Die verantwortlichen Politiker werden vom Kolpingwerk Deutscher Zentralverband aufgefordert, dafür Sorge zu tragen, daß die Jugendberichtspraxis endlich wieder auf den gesetzlichen Auftrag verpflichtet wird und daß so dem jungen Menschen auch tatsächlich geholfen werden kann. Die Mitglieder unseres Verbandes, insbesondere die Gruppen Jungkolping und Kolping/Junge Erwachsene, werden sich mit der gesamten Jugendhilfe und der Jugendpolitik noch mehr als bisher befassen.

3. Erklärungen zur ideellen und materiellen Förderung der Familie

Familienpolitisches Memorandum des Kolpingwerkes Deutscher Zentralverband (5. 2. 1972)

Die in weiten Kreisen der Öffentlichkeit direkt und indirekt vorhandene familienfeindliche Einstellung, die sich insbesondere in der gegenwärtigen Benachteiligung der Mehrkinderfamilien zeigt, ist durch die Schaffung einer familienfreundlicheren Atmosphäre zu überwinden. Ansatz ist eine reale und nicht nur verbale, umfassende dynamische Familienpolitik, die der schwierigen Situation der Familie in unserer heutigen Gesellschaft gerecht wird. Hierzu ist auch eine durchgreifende Verbesserung der Leistungen im Familienlastenausgleich notwendig.

1. Auf dieser Basis fordert das Kolpingwerk Deutscher Zentralverband vor allem folgende Maßnahmen:
Als Sofortmaßnahme ist das Kindergeld nach dem Bundeskindergeldgesetz den geänderten Einkommensverhältnissen, den umfassenden Kosten- und Preissteigerungen, die insbesondere für die Mehrkinderfamilien unzumutbare soziale Nachteile zur Folge haben, unverzüglich anzupassen.

2. Im Rahmen der von der Bundesregierung beabsichtigten Steuerreform sowie des vorgesehenen einheitlichen Leistungssystems (u.a. Wegfall des Steuerfreibetrages für Kinder) werden mindestens folgende Kindergeldbeträge gefordert:
für das 1. Kind DM   50,—
für das 2. Kind DM   80,—
für das 3. Kind DM 120,—
für das 4. Kind DM 130,—
für das 5. Kind alle weiteren Kinder DM 140,—

Das Kolpingwerk vertritt eine an der Ordnungszahl vollzogene Staffelung des Kindergeldes. Derzeit wird auch die Staffelung des Kindergeldes nach dem Alter wie den objektiven Kosten, die durch das Kind erwachsen, diskutiert.

Eine solche Regelung hält das Kolpingwerk aus Gründen der Praktikabilität des Gesetzes und zur Verhinderung der mit Sicherheit in Einzelfällen sich dadurch ergebenden Härten, ebenso zum Schutz der Privatsphäre, für weniger geeignet.

3. Als zusätzliche flankierende familienpolitische Maßnahmen fordert das Kolpingwerk:

a) Insbesondere für die junge Familie
– eine nach der Ordnungszahl der Kinder gestaffelte Geburtenbeihilfe, und zwar für Erstkinder DM 500,—, für Zweitkinder DM 400,—, für das 3. und jedes weitere Kind DM 300,—;
– Die Gewährung einer entsprechenden Ausgleichsleistung, womit den erziehenden, nicht erwerbstätigen Müttern von Kleinkindern die materielle Benachteiligung, die ihnen durch die Mutterschaft anfällt, längerfristig wenigstens teilweise anerkannt bzw. ausgeglichen wird;

b) für Familien mit Kindern, die sich in Ausbildung befinden
– die Erhöhung des Steuerfreibetrages für die auswärtige Unterbringung von Kindern von DM 1 200,— auf DM 2 400,—. Diese Anhebung ist insbesondere deshalb notwendig, da die Mehrkosten für die auswärtige Unterbringung sehr oft für solche Familien anfallen, die nicht in den Genuß der Ausbildungsförderung gelangen.

Das Kolpingwerk Deutscher Zentralverband erwartet, daß Bundesregierung und Parlament diesen unverzichtbaren familienpolitischen Forderungen endlich Priorität zuweisen. Damit könnte die soziale Deklassierung der Familie überwunden und der im Hinblick auf die Erhaltung des sozialen Sicherungssystems besorgniserregende Geburtenrückgang aufgefangen werden. Von den Trägern des gesellschaftlichen Lebens und insbesondere allen meinungsbildenden Institutionen erwartet das Deutsche Kolpingwerk, daß sie durch eine positive Haltung zu einer familienfreundlichen Umwelt beitragen.

Stellungnahme des Kolpingwerkes Deutscher Zentralverband zur familienpolitischen Diskussion
Familienpolitische Leitlinien des Kolpingwerkes Deutscher Zentralverband (10. 4. 1979)

Zwei familienpolitische Initiativen liegen derzeit dem Deutschen Bundestag vor: der Gesetzentwurf der Bundesregierung zur Einführung eines Mutterschaftsurlaubs (Bundesratsdrucksache 4/79) und der Entwurf der CDU/CSU über die stufenweise Einführung eines Familiengeldes (Bundestagsdrucksache 8/2650).

Auf der Basis seines gesellschaftspolitischen Leitbildes, seines Programmes und insbesondere seines familienpolitischen Memorandums vom 6. 9. 1972 schreibt das Kolpingwerk seine familienpolitischen Eckdaten fort. Zudem nimmt der Verband die oben erwähnten familienpolitischen Initiativen zum Anlaß, eine aktuelle Stellungnahme abzugeben.

Für die Fortschreibung der Familienpolitik sind für das Kolpingwerk folgende Leitlinien von grundsätzlicher Bedeutung:

1. Die persönlich wie gesellschaftlich notwendige Bejahung von Ehe und Familie ist einerseits mitbegründet in der Freude und Bereicherung, die Kinder für die Eltern bedeuten; andererseits schließt das Ja zu Ehe und Familie ein den bewußten verschiedenartigen (persönlichen, gesellschaftlichen, wirtschaftlichen) Verzicht der Ehepartner, den Kinder von ihnen abfordern.

2. Familie als vorstaatliche Institution ist in ihren erzieherischen Aufgaben, die sie für Gesellschaft erbringt, seitens der Öffentlichkeit bzw. des Staates entsprechend zu unterstützen und zu fördern.

3. Die Erziehungsleistung der Familie ist als eigener notwendiger Beitrag der Eltern zu fassen (und entsprechend zu fördern). Daraus ergibt sich, daß Einzigartigkeit und Eigenart dieser Leistung von einem etwaigen außerhäuslichen Arbeitsverhältnis unabhängig sind.

4. Die Förderung der Familie ist ideell wie materiell durch Gesellschaft und Staat zu verbreitern. Die materielle Förderung für die Familie ist zunächst auf indirektem Wege durch steuerliche, am Familieneinkommen orientierte Entlastungen zu vollziehen; die direkten Formen der Förderung wie Familiengeld, Kindergeld, Wohnungsgeld o.ä., sind demgegenüber als subsidiäre Leistungen auszubauen.

5. Staatliche Leistungen für Familie und Familienangehörige begründen keinerlei Rechtsansprüche des Staates für wie auch immer geartete Eingriffe in die Familie und die nur von den Eltern bestimmte Grundrichtung der Erziehung.

Aus diesen grundsätzlichen Hinweisen, die als Eckwerte der Familienpolitik des Kolpingwerkes gefaßt werden können, ergeben sich, bezogen auf die gegenwärtigen Gesetzesvorhaben, folgende Einzelanmerkungen:

1. Die Einführung bzw. Ausweitung eines Mutterschaftsurlaubes setzt voraus, daß die Mutter ein außerhäusliches Arbeitsverhältnis eingegangen ist. Da dieser Ansatz von einem verengten Berufsverständnis ausgeht, kann er zwar als arbeitsrechtlicher Rechtsgrund für den Anspruch auf „Mutterschaftsurlaub" gelten, wird jedoch der sachlichen Bewertung der Erziehungsleistung und damit auch der notwendigen Förderung der Familie nicht gerecht.

2. Neben dem „Mutterschaftsurlaub" oder gar anstelle eines solchen ist daher zu fordern, daß grundsätzlich die Erziehungsleistung als entsprechender Rechtsgrund anerkannt und für zusätzliche Förderungen der Familie formuliert wird.

3. Zusätzliche Förderungen dieser Art können sein: Die Anrechnung der Erziehungszeit auf die Rentenberechnung (z.B. könnten pro Kind 4 Jahre auf die Rentenzeit ange-

rechnet werden), die Leistung eines Familiengeldes für die Dauer von 3 Jahren (6 Monate vor der Geburt bis 2 1/2 Jahre nach der Geburt); nach Kinderzahl und Einkommenshöhe gestaffelte Wohnbauförderung u.v.a.

4. Die gestaffelte Aufstockung des Kindergeldes auch ab dem 4. Kind und die Dynamisierung des Kindergeldes sind eine zusätzliche familienfördernde Leistung.

5. Finanzierungsmöglichkeiten für zusätzliche Förderung der Familie sind u.a.: Einsparungen im Rahmen des JWG, BSHG, AFG einerseits, konsequente Umschichtungen im Bundeshaushalt bis hin zur Erstellung eines entsprechenden Nachtragshaushaltes andererseits.

Das Kolpingwerk Deutscher Zentralverband erachtet die gesellschaftliche Anerkennung, Förderung und Unterstützung der Leistungen, welche die Familie für die Gesellschaft erbringt, für begründet und für subsidiär notwendig. Die Förderung der Familie kann und darf nicht an mangelnder Finanzierbarkeit scheitern. Vielmehr ist festzuhalten, daß bei entsprechender Anerkennung einer besonders notwendigen Unterstützung und Förderung der Familie die finanzielle Leistbarkeit auch unbedingt zu sichern ist. Der Verband weist gleichzeitig sowohl jene Tendenzen zurück, die einen vollen gesellschaftlichen Ausgleich der Erziehungsleistungen der Familie fordern, als auch die, die gesellschaftliche Leistung für die Familie mit einem Rechtsanspruch auf Einmischung in die Familie identifizieren.

Die Familienpolitik des Kolpingwerkes kann in den Satz zusammengefaßt werden: Je mehr Freiheit und Verantwortung für die Familien, um so freier und menschenwürdiger die Gesellschaft.

Stellungnahme des Kolpingwerkes Deutscher Zentralverband zum 3. Familienbericht (12. 10. 1979)

Mit Datum vom 20. 8. 1979 wurde der 3. Familienbericht (Drucksache 8/3120 ,,Bericht der Sachverständigenkommission der Bundesregierung – Zusammenfassender Bericht –" und „Die Stellungnahme der Bundesregierung zum Bericht der Sachverständigenkommission für den 3. Familienbericht"; und Drucksache 8/3121 „Bericht der Sachverständigenkommission der Bundesregierung") unter dem Titel „Die Lage der Familien in der Bundesrepublik Deutschland" veröffentlicht.

Die Sachverständigenkommission der Bundesregierung befaßte sich auf der Basis einschlägigen empirischen Materials mit mehreren lange Zeit vernachlässigten Problembereichen, wie der sozialökonomischen Lage der Familie, der Bedeutung der Familien für die soziale Statuszuweisung (Plazierung) und Familie und Bevölkerungsentwicklung. Ebenso werden die entsprechenden Leistungen der öffentlichen Hand für Familien dargestellt und kritisch auf ihre Effizienz hin geprüft. Umfangreiche und sehr differenzierte familienpolitische Empfehlungen schließen den Bericht ab.

Das Kolpingwerk Deutscher Zentralverband begrüßt mit Nachdruck den Bericht der Sachverständigenkommission. Dies nicht nur deshalb, weil die 4 von der Bundesregierung berufenen Professoren eine Bestimmung (Definiton) von Familie, ebenso Wertaussagen über Familie, mit denen das Kolpingwerk grundsätzlich übereinstimmt, unvoreingenommen in ihre wissenschaftliche Arbeit einführten. Desgleichen werden verschiedene, von der Sachverständigenkommission aus der Analyse der empirischen Daten entnommene, familienpolitische Empfehlungen formuliert, die das Kolpingwerk schon seit Jahren im Programm, im familienpolitischen Memorandum und in weiteren Erklärungen artikulierte.

Weder dem von der Sachverständigenkommission für den 3. Familienbericht verwendeten Familien-Wert-Verständnis, noch den einschlägigen Analyse-Ergebnissen setzt die Bundesregierung in ihrer Stellungnahme hinreichende Fakten entgegen. Geradezu peinlich wirken die Ausflüchte und vor allem das Schweigen der Bundesregierung zu den familienpolitischen Empfehlungen der Sachverständigenkommission. Offenkundig scheint es für die Bundesregierung nicht besonders erfreulich, daß die unabhängigen Wissenschaftler familienpolitische Maßnahmen für unabdingbar halten, welche die Bundesregierung glaubt, noch in weite Ferne rücken zu können.

Das Kolpingwerk Deutscher Zentralverband wird sich verstärkt mit den von der Sachverständigenkommission beigebrachten Ergebnissen in seiner Bildungsarbeit befassen. Den familienpolitischen Empfehlungen der Sachverständigen wird der Verband künftig in seinen Aktivitäten besondere Beachtung beimessen.

Bundesregierung, Länderregierungen, Kommunen und politische Parteien werden ersucht, diese Herausforderung aufzugreifen und in ihrer familien(-politischen) Arbeit nicht hinter den Empfehlungen der Kommission zurückzubleiben.

Erklärung des Kolpingwerkes Deutscher Zentralverband zur Wohnversorgung von Familien (9. 3. 1980)

Am 17. Oktober 1979 hat das Kolpingwerk Deutscher Zentralverband in einer Stellungnahme sich zum 3. Familienbericht der Sachverständigenkommission der Bundesregierung (Drucksachen 8/3120 und 8/3121) geäußert. In Konkretisierung dieser unserer grundsätzlichen Stellungnahme erklären wir aufgrund der einschlägigen Daten zur Entwicklung der Wohnversorgung insbesondere:

1. Die Mittel für den sozialen Wohnungsbau sind vor allem für sozial schwache Familien einschließlich für Familien ausländischer Mitbürger aufzustocken und gezielt diesen Gruppierungen zuzuweisen. Vorhandene Fehlbelegungen von Sozialwohnungen sind umgehend gesetzlich einzuschränken.

2. Im Bereich des Wohngeldes sind wirksame Differenzierungen nach Einkommen und Kinderzahl vorzunehmen. Zusätzlich sind Miet-Kauf-Regelungen zu ermöglichen und bundesgesetzlich zu verankern.

3. Die Mängel der Objektförderung im gesamten Wohnungsbau sind zugunsten einer gezielten Subjektförderung zu beseitigen.

4. Bau und Erwerb von Eigenheimen sind vor allem für junge Ehepaare, für Familien mit kleinen Kindern, für kinderreiche Familien durch Ausweitung der verschiedensten Sparmöglichkeiten verstärkt zu fördern. Die Kommunen sollen durch Aufstockung ihrer Grundstücksankäufe und durch entsprechende Erschließungspläne gerade diesen Familien auch den Eigenheimerwerb unterstützen. Die Kirchengemeinden sollen durch verbilligte Abgabe von Grundstücken an bauwillige Familien ebenfalls ihren Beitrag zur Wohnversorgung von Familien leisten.

Das Kolpingwerk Deutscher Zentralverband fordert seine Mitglieder auf, ihren Beitrag zur Lösung der besseren Wohnversorgung von Familien durch Eigenarbeit, Bildungsveranstaltungen und entsprechende kommunalpolitische Aktionen zu leisten. Die Politiker in Bund, Ländern und Gemeinden bleiben aufgefordert, die unverkennbare Unterversorgung an Wohnungen, vor allem für junge Familien, kinderreiche und sozial schwache Familien, durch notwendige politische Sachentscheidungen zu mildern.

Erklärung des Kolpingwerkes Deutscher Zentralverband zur Einführung des „Erziehungsgeldes" (23. 5. 1980)

Die sachverständigen Autoren des Dritten Familienberichtes (Drucksachen 8/3120 und 8/3121 vom 17. 10. 1979) haben sich neben anderen begrüßenswerten Maßnahmen auch für die Einführung des „Erziehungsgeldes" ausgesprochen. Das Kolpingwerk Deutscher Zentralverband unterstützt diese Forderung, und zwar insbesondere aus Gründen der gesellschaftlichen Anerkennung der Erziehungsleistung der Familien, ebenso als Beitrag zum Ausgleich für die Familienhausfrau im Vergleich zur außerhäuslich erwerbstätigen Mutter (Vater), ferner aufgrund der psychologisch erwiesenen Tatsache, daß Mutter (Vater) und Kind gerade in den ersten Lebensjahren notwendig zusammengehören. Diese Hinweise sind ebenfalls in den Entwürfen der CDU/CSU-Opposition und des Bundesrates aufgeführt; sie werden vom Verband gleichfalls unterstützt.

Das Kolpingwerk fordert in Weiterführung der bisherigen Vorschläge und in Konkretisierung seiner Stellungnahme vom 10. 4. 1980 für die Einführung eines steuerfreien Erziehungsgeldes von wenigstens 400,—DM monatlich folgende Stufen:

1. Zunächst für Familien mit einem Kind unter 3 Jahren

2. In einem zeitlich bereits vorgegebenen Stufenplan auf der Basis einer gesetzlichen Regelung möglichst innerhalb von 3 Jahren nach Einführung der ersten Stufe für Familien mit mindestens 2 Kindern unter 7 Jahren

3. In einer weiteren zeitlichen Stufe für Familien mit 3 und mehr Kindern unter 15 Jahren.

Das Kolpingwerk Deutscher Zentralverband ist davon überzeugt, daß diese gesellschaftliche Leistung für die Familien ein familienfreundlicher Beitrag ist, der letztlich wiederum der Gesellschaft zukommt. Die Förderung der Familie kann und darf nicht an mangelnder Finanzierbarkeit scheitern. Vielmehr ist festzuhalten, daß bei entsprechender Anerkennung einer besonders notwendigen Unterstützung und Förderung der Familie die finanzielle Leistbarkeit auch unbedingt zu sichern ist. Der Verband fordert die Politiker aller Parteien auf, die wissenschaftlichen Erkenntnisse des 3. Familienberichtes in die Tat umzusetzen und dadurch die Familie zu fördern und anzuerkennen.

Adolph Kolping
* 8.12.1813 † 4.12.1865

V Aktivitäten und Initiativen des Kolpingwerkes im Bereich der Familienbildung, der Förderung einer kinderfreundlichen Umgebung, der Wohnversorgung usw.

„Für das Kolpingwerk stellen Ehe und Familie die wichtigsten Voraussetzungen zur personalen Entfaltung des Menschen in der Gesellschaft dar. Ohne Existenzsicherung von Ehe und Familie ist die Entwicklung einer menschenwürdigen Gesellschaft nicht möglich." Diese Aussage aus dem Programm des Kolpingwerkes Deutscher Zentralverband gilt nicht nur als Maß und Richtschnur für das Engagement des Kolpingwerkes im gesellschaftspolitischen Bereich und das Bemühen des Verbandes, an einer familienfreundlichen und familiengerechten Politik mitzuwirken. Das Kolpingwerk hat vielmehr in seiner ganzen Geschichte auch selbst die vielfältigsten Angebote zur Unterstützung der Familien entwickelt.

Die größte und herausragendste Einrichtung in diesem Bereich ist das Familienferienwerk der Deutschen Kolpingsfamilie e. V. Mit der Gründung dieses Familienferienwerkes 1962 reagierte das Kolpingwerk auf das Problem, daß Familien mit mehreren Kindern kaum die Möglichkeit hatten, einen familiengerechten Urlaub zu verbringen. Die Hotels konnten kaum kindergerechte Einrichtungen anbieten, und auch die Preise für die Unterkunft in normalen Ferienpensionen bzw. Hotels waren für die Mehrzahl von Familien mit mehreren Kindern kaum aufzubringen. Hinzu kam, daß viele Hotels und Pensionen nur sehr ungern Familien mit mehreren Kindern als Gäste aufnahmen. Für den Bau von Familienferienstätten bestand daher ein echter Bedarf.

Das Familienferienwerk der Deutschen Kolpingsfamilie e.V. verfügt heute über 9 eigene Familienferienstätten in der Bundesrepublik Deutschland und ist mit einem Angebot von ca. 1 700 Betten der größte Träger von Familienferienstätten in der Bundesrepublik. In jedem Jahr nehmen etwa 35 000 Gäste die Möglichkeit wahr, in den schönsten Gegenden Deutschlands mit der ganzen Familie Urlaub zu machen. Die Familienferienstätten sind ganz auf den Urlaub von Familien mit Kindern eingestellt. In den Häusern stehen viele Freizeit-, Aufenthalts- und Bildungsräume zur Verfügung, ebenso ganzjährig geöffnete Kindergärten, Spielräume für größere Kinder, Kegelbahnen, Tischtennis-, Fernseh- und Hobbyräume.

Diese Angebote ermöglichen den Familien einen ihren Erwartungen und Wünschen entsprechenden Urlaub,
– einen Urlaub, in dem die Eltern – die Kinder werden durch pädagogische Fachkräfte betreut – auch einmal die Chance haben, sich voll zu entspannen und füreinander Zeit zu intensiven Gesprächen, zu gemeinsamen Erlebnissen und gemeinsamer Freizeit zu haben,
– einen Urlaub, in dem aber auch die Kinder allein und mit ihren Eltern gemeinsam vielfältige Möglichkeiten haben, ihren Erwartungen und Vorstellungen vom Urlaub zu verwirklichen,
– einen Urlaub in einer religiös geprägten Umgebung und einer kinderfreundlichen Atmosphäre.

Trotz der familiengerechten Preise in den Familienferienstätten ist auch heute noch für viele kinderreiche Familien der Urlaub eine finanziell starke Belastung. Das Familienferienwerk der Deutschen Kolpingsfamilie e.V. berät daher die Familien im Hinblick auf mögliche Zuschüsse für die Familienerholung und vermittelt im Jahr ca. 850 000,— DM an Landeszuschüssen für Familienerholung an die Gäste der Familienferienheime.

Die starke Nachfrage nach den Angeboten des Familienferienwerkes hat dazu geführt, daß neben den eigenen Familienferienstätten auch der Urlaub in ausgesuchten Vertragspensionen in europäischen Nachbarländern bzw. in Familienferienstätten und Feriendörfern des Schweizer und Österreichischen Kolpingwerkes vermittelt wird.

Außerhalb der Ferienzeiten stehen die Familienferienstätten für die Durchführung von familiennahen Bildungskursen zur Verfügung. Damit ist gleichzeitig auch schon ein weiterer Schwerpunkt der Angebote des Kolpingwerkes und der Kolpingsfamilien für die Familien angesprochen, die Familienbildungsarbeit. Angebote der familienbezogenen Bildungsarbeit finden sich praktisch auf allen Ebenen des Verbandes, angefangen von der örtlichen Kolpingsfamilie bis hin zum Kolpingwerk Deutscher Zentralverband.

Auf der Ebene des Zentralverbandes und der Diözesanverbände nimmt das Angebot an Familienbildungsfreizeiten einen immer größeren Raum ein. In zumeist einwöchigen bzw. Wochenendkursen bemühen sich Erwachsene, Jugendliche und Kinder gemeinsam um eine Verbesserung der Kommunikation untereinander, arbeiten an gemeinsam interessierenden Fragen, versuchen neue Verhaltensformen untereinander einzuüben usw. Die Vielzahl der bisher in diesem Bereich durchgeführten Kurse hat gezeigt, daß dadurch das Verständnis der Familienmitglieder füreinander deutlich verbessert werden konnte und eine größere Gesprächsbereitschaft in den Familien entstanden ist. Darüber hinaus konnten innerhalb dieser Familienbildungsfreizeiten zahlreiche Anregungen für eine gemeinsame Freizeitgestaltung durch die Familie gegeben werden.

Neben dieser speziellen Form der Familienbildung wird durch das Kolpingwerk aber auch zu bestimmten familienbezogenen Themen eine Fülle von Bildungsveranstaltungen und Seminaren angeboten. Diese Veranstaltungen sind auf überörtlicher Ebene zumeist so gestaltet, daß die Eltern durch Vorträge, Diskussionen und Gesprächsrunden sich mit einem inhaltlichen Thema auseinandersetzen, während zur gleichen Zeit die Kinder durch pädagogische Fachkräfte betreut werden. Je nach Inhalt einer solchen Bildungsveranstaltung wird versucht, auch die Kinder und Jugendlichen mit ähnlich gelagerten Fragen zu befassen wie die Erwachsenen und im Laufe der Veranstaltung einen Austausch zwischen Erwachsenen auf der einen Seite und Jugendlichen und Kindern auf der anderen Seite zu ermöglichen.

Das Thema ,,Familie" findet aber nicht nur auf überörtlicher Ebene Berücksichtigung. In fast allen der 3 000 Kolpingsfamilien des Internationalen Kolpingwerkes nimmt das Thema ,,Familie"' einen breiten Raum in der Bildungsarbeit ein. Praktisch in jedem der Bildungsprogramme der Kolpingsfamilien tauchen Einzelthemen oder Seminarreihen auf, die sich mit Fragen von Ehe und Familie auseinandersetzen. Diese Themen reichen von Rechtsfragen in der Familie über Erziehungsprobleme bis hin zu Ehevorbereitsseminaren für junge Paare. Ein immer wiederkehrendes Thema in diesem Bereich sind auch Bildungsveranstaltungen, die sich mit Glaubensfragen, den Möglichkeiten der Vermittlung des Glaubens an die Kinder, den Fragen der religiösen Fundierung von Ehe und Familie auseinandersetzen. Diese einzelnen Veranstaltungen finden ihre Fortsetzung in Familienexerzitien, wo die ganze Familie gemeinsam sich über ein bis zwei Tage hinweg mit Fragen des Glaubens auseinandersetzt.

Besonders intensiv beschäftigt man sich mit Fragen von Ehe und Familie in den ca. 700 Familienrunden, die innerhalb der örtlichen Kolpingsfamilien arbeiten. In diesen Familienrunden haben sich Eheleute zusammengeschlossen, die gerne etwas intensiver mit Gleichgesinnten ihre Fragen besprechen möchten und aus diesen Gesprächen auch Anregungen für die Gestaltung der eigenen Ehe und Familie erwarten. Hervorstechendes Merkmal dieser Familienrunden ist die Tatsache, daß es nicht allein bei der Beschäftigung mit inhaltlichen Fragen bleibt, sondern daß es auch zu einem gegenseitigen Beistand der beteiligten Familien kommt. Dieser Beistand reicht vom gegenseitigen Betreuen der Kinder bis hin zur Nachbarschaftshilfe beim Bau eines Eigenheimes.

Bei der Fülle der Angebote und Hilfen des Kolpingwerkes im Bereich der familienbezogenen Bildungsarbeit soll aber nicht die Fülle der Veranstaltungen außer acht gelassen werden, die von den Kolpingsfamilien für eine gemeinsame Freizeitgestaltung angeboten werden. Gerade im Hinblick auf die ständig wachsende Freizeit und die zeitlich immer geringer werdenden Möglichkeiten, wo die Familie als Ganzes zusammenkommt und gemeinsam etwas unternimmt, ist auch im geselligen Bereich ein Angebot von Veranstaltungen für die ganze Familie erforderlich. Die Kolpingsfamilien bieten hier von gemeinsamen Wanderungen und Ausflügen über spezielle Familienfeste und Familientage bis hin zur Gestaltung von Adventsfeiern usw. eine breite Palette von Veranstaltungen an.

Sowohl den geselligen Veranstaltungen als auch den Bildungsveranstaltungen in diesem Bereich ist gemeinsam, daß sie dazu beitragen können, die Isolation der Kleinfamilien zu durchbrechen und den Familienmitgliedern die Möglichkeiten zu weiteren Kontakten mit anderen, gleichgesinnten Personen zu geben.

Ein durchgängiges Merkmal der Arbeit des Kolpingwerkes ist die Einheit von Bildung und Aktion. So ist es bezeichnend, daß im Rahmen der Bildungsveranstaltungen über die Situation der Familie in der heutigen Zeit und über die kinderfeindliche Atmosphäre in unserer Gesellschaft auch die Idee aufkam, als Kolpingsfamilie aktiv etwas gegen diese Kinderfeindlichkeit zu unternehmen.

Mehr als 1 00 Kolpingsfamilien haben durch den Bau eines Kinderspielplatzes ihren aktiven Beitrag geleistet, um in einer allgemein kinderfeindlichen Umgebung Oasen der Kinderfreundlichkeit zu schaffen. Hinzu kommt eine große Zahl von Kinderspielplätzen und sonstigen Einrichtungen für Kinder und Familien, die auf Anregung und Betreiben einer Kolpingsfamilie oder von engagierten Mitgliedern des Kolpingwerkes durch Städte oder Gemeinden errichtet wurden.

So, wie sich viele Kolpingsfamilien engagiert in der politischen Gemeinde für eine familiengerechtere Umwelt einsetzen und aktiv werden, so leisten zahlreiche Kolpingsfamilien auch in den Pfarrgemeinden ihren konkreten Beitrag zur Unterstützung der Familien. In vielen Gemeinden ist die Anregung zur Gestaltung von Familiengottesdiensten von der Kolpingsfamilie ausgegangen, und häufig ist es auch eine Gruppe von Mitgliedern aus der Kolpingsfamilie, die zusammen mit dem Präses die Vorbereitung und Gestaltung dieser Familiengottesdienste übernimmt. Hinzu kommen Veranstaltungen wie Familiennachmittage für die Pfarrgemeinde, Aktionen zur Unterstützung von Kindergärten usw.

Einen bedeutenden Beitrag konnten das Kolpingwerk und die Kolpingsfamilien auch im Hinblick auf die Erstellung und Bereitstellung von familiengerechtem Wohnraum erbringen. Hunderte von Siedlungen mit Eigenheimen sind auf Initiative des Kolpingwerkes und von Kolpingsfamilien entstanden, teilweise sogar in Nachbarschaftshilfe. Tausende von Familien verdanken es dieser Initiative, daß sie heute über eine Wohnung bzw. ein Haus verfügen, in dem auch Platz für Kinder ist, in dem die ganze Familie Möglichkeiten der Entfaltung hat.

Die Darstellung der Leistungen des Kolpingwerkes und der Kolpingsfamilien für die Familien kann nur ein sehr allgemeiner Überblick über die Fülle der Aktivitäten sein, die im gesamten Kolpingwerk für die Familien erbracht wurden. Das Kolpingwerk wird sich aber auch in Zukunft verpflichtet wissen, die Nöte und Sorgen der Familien mitzutragen und zu versuchen, konkrete Hilfen anzubieten.

VI Familie – unsere Zukunft
Ein Aktionsprogramm
des Kolpingwerkes

1. Grundpositionen

1.1 Zum christlichen Verständnis von Ehe und Familie

Das christliche Verständnis von Ehe und Familie setzt die Verschiedenheit von Mann und Frau voraus, wie sie auch durch vielfältige wissenschaftliche Erkenntnisse belegt ist. Diese Verschiedenheit ist Grundlage des biblischen Ansatzes für das Bundesverständnis der Ehe. In Anlehnung an den Bund Jahwes mit seinem Volke wurde die Ehe als Bund der Partner gedeutet. Der Partnerbund Ehe wurde insbesondere durch Paulus in Berufung auf Jesus Christus vertieft.

Nach christlichem Eheverständnis ist in der Katholischen Kirche das freie Ja der beiden gläubigen Partner zu einem gottgewollten, in Gnade gestalteten lebenslangen Bund ein Sakrament.

Das christliche Eheverständnis ist das Fundament des christlichen Familienverständnisses, denn Familie baut auf Ehe auf. Das Christentum versteht Familie nicht zusätzlich zur Ehe als eigenes Sakrament. Diese Tatsache bedeutet für das christliche Familienverständnis letztlich einen doppelten positiven Inhalt: Einerseits wird die sakramentale Einmaligkeit von Ehe dadurch nochmals aufgewertet, andererseits wird verdeutlicht, daß Familie eine geradezu natürliche Folge christlich-katholisch verstandener ehelicher Partnerschaft ist.

In diesem Zusammenhang wird besonders verwiesen auf die Aussagen über Ehe und Familie in den Texten des II. Vatikanums, vor allem in der Pastoralkonstitution „Gaudium et spes", und der Synode der Bistümer der Bundesrepublik Deutschland, vor allem im Beschluß „Christlich gelebte Ehe und Familie".

1.2 Ehe und Familie nach dem Grundgesetz der Bundesrepublik Deutschland

In Artikel 6 des Grundgesetzes heißt es:

(1) Ehe und Familie stehen unter dem besonderen Schutz der staatlichen Ordnung.

(2) Pflege und Erziehung der Kinder sind das natürliche Recht der Eltern und die zuvörderst ihnen obliegende Pflicht. Über ihre Betätigung wacht die staatliche Gemeinschaft.

(3) Gegen den Willen der Erziehungsberechtigten dürfen Kinder nur aufgrund eines Gesetzes von der Familie getrennt werden, wenn die Erziehungsberechtigten versagen oder wenn die Kinder aus anderen Gründen zu verwahrlosen drohen.

(4) Jede Mutter hat Anspruch auf den Schutz und die Fürsorge der Gemeinschaft.

(5) Den unehelichen Kindern sind durch die Gesetzgebung die gleichen Bedingungen für ihre leibliche und seelische Entwicklung und ihre Stellung in der Gesellschaft zu schaffen wie den ehelichen Kindern.

Als zentrale Inhalte können festgehalten werden: Ehe und Familie sind als Institutionen in besonderer Weise geschützt. Den Eltern kommt ein natürliches Recht auf Pflege und Erziehung der Kinder zu.

1.3 Ehe und Familie in Grundaussagen des Kolpingwerkes

Das Kolpingwerk hat das sakramentale Eheverständnis sowie Aufgaben und Ziele von Ehe und Familie in seinem Programm dargestellt, insbesondere in den Ziffern 26 bis 32. Danach sind Bedeutung, Ziele und Aufgaben von Ehe und Familie wesentlich im christlichen Menschenverständnis begründet. Für die Mitglieder wie für den Verband als katholische Bildungs- und Aktionsgemeinschaft werden daraus verschiedene Aufgaben abgeleitet:

Für das Kolpingwerk stellen Ehe und Familie die wichtigste Voraussetzung zur personalen Entfaltung des Menschen in der Gesellschaft dar. Ohne Existenzsicherung von Ehe und Familie ist die Entwicklung einer menschenwürdigen Gesellschaft nicht möglich. Von daher ist eine aus dem christlichen Menschenverständnis begründete und sachlich abgesicherte Neubesinnung auf Wert und Bedeutung von Ehe und Familie für Gegenwart und Zukunft erforderlich. (Programm, Ziffer 26)

Die Ehe als eine auf Dauer angelegte Lebensgemeinschaft von Mann und Frau lebt aus der personalen Zuwendung und der gegenseitigen Annahme der Partner. In der wechselseitigen Hingabe engagieren sich die Partner für die gesamtmenschliche Verwirklichung des anderen.

Christus hat die Ehe sakramental geheiligt und ihr dadurch eine neue Würde und Weihe gegeben. Sie soll als christliche Ehe die Liebe Gottes und die innere Wirklichkeit der Kirche in der Welt sichtbar machen. (Programm, Ziffer 27)

Ehe überschreitet von ihrem Ansatz und von ihrer Zielsetzung her den beliebig verfügbaren privaten Bereich zweier Menschen. Sie drängt auf Ausweitung zur Familie und trägt damit die Sorge um die nachwachsende Generation. (Programm, Ziffer 28)

Pflege und Erziehung der Kinder sind das natürliche Recht der Eltern und ihre erste Pflicht. Für die gesamtheitliche Entfaltung des Menschen hat die Familie in ihrem Dienst am Kind eine Aufgabe, die durch keine andere Einrichtung gleichwertig zu leisten ist. (Programm, Ziffer 29)

Deshalb ist die Familie ein Anliegen der Öffentlichkeit. Die Ehepartner übernehmen eine Verpflichtung für den Bestand der Gesellschaft; Gesellschaft und Staat sind daher zum besonderen Schutz von Ehe und Familie verpflichtet.

In unserer gesamten Gesellschaft kommt es darauf an, daß ein positives Bild von Ehe und Familie entfaltet und vermittelt wird. (Programm, Ziffer 30)

Religiöse Erziehung ist wesentlicher Bestandteil des Auftrages der Eltern. Sie ist sowohl Verkündigung als auch Einübung des Glaubens. (Programm, Ziffer 31)

Zur Erfüllung ihres umfassenden pädagogischen Auftrages sind Eltern und Erziehungsberechtigten entsprechende Hilfen anzubieten. Für das Kolpingwerk ist deshalb die ehevorbereitende und ehebegleitende Bildung sowie die Elternbildung eine zentrale Aufgabe. Ein besonderer Schwerpunkt ist dabei auch die Berufsvorbereitung, Berufsfindung und Begleitung der Kinder in Ausbildung und Beruf. (Programm, Ziffer 32)

Das Kolpingwerk bemüht sich, den einzelnen zu befähigen, die gesteckten Ziele und Aufgaben für sich selbst wie für die Gemeinschaft zu erreichen und zu verwirklichen. Es ist sich bewußt, daß viele diese Ziele nicht erreichen bzw. auf dem Wege auch Rückschläge erleiden; deshalb sieht es der Verband als eine wichtige Aufgabe der Gemeinschaft, auch für diese Menschen da zu sein, sie die Kraft der Gemeinschaft spüren zu lassen und ihnen durch Verständnis, Hilfestellung und vorbildhaftes Tun weiterzuhelfen.

2. Konsequenzen für das Kolpingwerk

Das Aktionsprogramm des Kolpingwerkes geht aus vom christlichen Verständnis von Ehe und Familie, von den programmatischen Grundlagen des Verbandes und von den Inhalten des Grundgesetzes einerseits, von der gegenwärtigen Situation von Ehe und Familie in unserer Gesellschaft andererseits.

Mit seinem Aktionsprogramm will das Kolpingwerk beitragen zur Stärkung und Gesundung von Ehe und Familie durch die Rückbesinnung auf Ehe und Familie im richtigen, d.h. nach Kolping im christlichen Verständnis. Dadurch sollen Ehe und Familie wieder aufgewertet und Gefahren, wie sie ohne Zweifel in der gegenwärtigen Situation gegeben sind, von Ehe und Familie abgewendet werden. Ein solches Bemühen versteht sich auch als Beitrag zur Schaffung und Ausgestaltung einer menschenwürdigen Gesellschaft.

Als wichtige Folgerungen ergeben sich vor allem diese Anforderungen und Forderungen:

2.1 Nach innen

2.1.1 Anforderungen an jeden einzelnen

2.1.1.1 In Ehe und Familie

- Eigene Rückbesinnung auf Ehe und Familie als Grundwerte menschlichen Zusammenlebens
- Bejahung der Institutionen Ehe und Familie
- Wertschätzung von Vater- und Mutterschaft
- Das Ja zum Kind
- Opferbereitschaft und Mut zu Wagnis und Risiko
- Persönliches Aneignen der Grundaussagen des Kolpingwerkes über Ehe und Familie

- Vorbildhaftes Leben nach diesen Grundaussagen in der eigenen Familie, z.B. durch partnerschaftliches Verhalten zum Ehegatten und zu den Kindern
- Verstärkte Öffnung für Fragen der Familienbildung und der Familienpastoral und entsprechendes eigenes Handeln

2.1.1.2 Im Verband

Mitwirken in der Kolpingsfamilie, daß
- die Grundwerte Ehe und Familie als Voraussetzung einer menschenwürdigen Gesellschaft in der gesamten Arbeit der Kolpingsfamilien mehr zum tragen kommen und noch stärker erlebbar werden,
- die Grundpositionen des Verbandes zu Ehe und Familie in der Kolpingsfamilie besser bekannt und dann auch verstärkt in die politische Meinungs- und Willensbildung eingebracht werden,
- die Nachbarschaftshilfen der Familien wieder belebt und weiterentwickelt und von den Mitgliedern der Kolpingsfamilie eingeübt und beispielhaft vorgelebt werden,
- Familienkreise und Familiengruppen – wo immer angebracht – eingerichtet werden und ihre vielfältigen Möglichkeiten wahrnehmen können,
- die Familien, auch die benachteiligten, in der Gemeinde aufgewertet und wirksam unterstützt werden,
- Frauen mehr Verantwortung in der Kolpingsfamilie mittragen,
- Mitglieder aus gescheiterten Ehen und Familien in Konfliktsituationen im Verband angenommen werden.

2.1.1.3 In Kirche

- Persönliches Aneignen des christlichen Verständnisses von Ehe und Familie und Wahrnehmung entsprechender Bildungsangebote.

- Vorbildhaftes Leben nach diesen Grundpositionen in der eigenen Familie, z.B. durch
  - bewußtes Gestalten und unmittelbare und erlebnishafte Vermittlung einer christlichen, aus dem Glauben gestalteten Familienatmosphäre,

- gemeinsames Einüben christlichen Glaubens mit der eigenen Familie als „Kirche im kleinen" oder „Hauskirche".

- Mitwirken, daß
  - der Grundwert Familie als Voraussetzung einer menschenwürdigen Gesellschaft in Verkündigung, Liturgie und Diakonie noch deutlicher in den Vordergrund gestellt wird,
  - junge Menschen zur Ehe ermutigt und in dieser wichtigen Entscheidungsphase durch entsprechende Anregungen und Hilfen begleitet werden,
  - die kirchlichen Angebote der ehevorbereitenden, ehebegleitenden Bildung sowie der Eltern- und Familienbildung ausgebaut und Informations- und Beratungsdienste für Familien sowie Schulen in katholischer Trägerschaft verbessert und vermehrt werden,
  - die Kirchengemeinden und Diözesen vermehrt kircheneigenen Grund und Boden für Eigenheim-, Eigentums- und Mietwohnungsbau, insbesondere für junge Familien, Mehrkinderfamilien und sozial schwache Familien, zur Verfügung stellen,
  - die kirchlichen Hilfen für unverheiratete Mütter, Alleinerziehende und ausländische Familien ausgeweitet und deren Integration in die Gemeinde gefördert werden.

2.1.1.4 In Staat und Gesellschaft

- Persönliches Aneignen der verfassungsrechtlichen Grundpositionen über Ehe und Familie und entsprechendes vorbildhaftes Leben von Ehe und Familie.

- Mitwirken, daß
  - der Grundwert Familie als Voraussetzung für eine menschenwürdige Gesellschaft durch verstärkte öffentliche Anerkennung der Leistung der Familie für die Gesellschaft in der gesamten Öffentlichkeit mehr zum tragen kommt,

– die originären Rechte der Familie in Gesetzgebung und Verwaltung anerkannt und herausgestellt und entsprechend die staatlichen Ersatzeinrichtungen für die Familie eingeschränkt werden,
– alle gesetzgeberischen Maßnahmen auf ihre Konsequenzen für die Familie hin besser aufeinander abgestimmt und Nachteile der Familie, insbesondere auf dem Wohnungsmarkt, im Freizeitbereich und in der Verkehrsgestaltung, abgebaut werden,
– Mehrkinderfamilien, ausländische Familien und Familien mit Behinderten besser gefördert werden, vor allem auf Gemeindeebene,
– der Schutz des ungeborenen Lebens wirksamer gestaltet wird, gerade auch in der Gemeinde,
– die Gleichstellung von erwerbstätigen Frauen und Familienhausfrauen ideell und materiell verwirklicht wird.

2.1.2 Forderungen an den Verband

2.1.2.1 Forderungen an die Kolpingsfamilie

– Stärkung des Familienbewußtseins in der Kolpingsfamilie und Leben der familienhaften Gemeinschaft, z.B. durch
   – Verwirklichung und Ausgestaltung der gemeinsamen Arbeit von Eltern und Kindern,
   – Verbesserung von Gesprächs- und Begegnungsmöglichkeiten, vor allem zwischen den Generationen,
   – Initiierung, Anregung und Verwirklichung von Familiengruppen und Familienkreisen,
   – Gestaltung von besonderen Familientagen durch die Kolpingsfamilie für die Familien der Gemeinde (Nachbarschaft, Stadtteil).

– Rücksichtnahme der Kolpingsfamilie auf die Familien der Mitglieder. Bei allem ehren- und hauptamtlichen Engagement der Leitungskräfte muß die Familie Vorrang haben.

- Ausweitung und Qualifizierung der Angebote im Bereich der ehevorbereitenden und ehebegleitenden Bildung, der Eltern- und Familienbildung im Programm der Kolpingsfamilie.

- Wirksamer Beitrag zum Schutz des ungeborenen Lebens durch Bewußtseinsbildung, durch Gespräche und Hilfen in der konkreten Situation (z.B. Aktion für das Leben).
- Schaffung und Bereitstellung von Angeboten und Hilfen für die Freizeitgestaltung von Familien.
- Stärkere finanzielle Unterstützung von Familien, die als Familien an Familienbildungsveranstaltungen, Familienfreizeiten und Familienferien teilnehmen.
- Mitwirkung bei der Gestaltung von Familien- und Gesellschaftspolitik.

2.1.2.2 Forderungen an die überörtlichen Gliederungen und Einrichtungen

- Ausweitung und Verbesserung der subsidiären Angebote für die genannten Aufgaben der Kolpingsfamilie, z.B. durch
  - Erstellung gezielter thematischer Arbeitshilfen im Gesamtbereich von Ehe und Familie, insbesondere zur Geschlechtserziehung und zur ehevorbereitenden Bildung,
  - Ausweitung der Familienkursangebote durch den Zentralverband, die Landes- und Diözesanverbände,
  - Entwicklung und Erprobung von Modellen zur Verbesserung des Miteinanders der Generationen in der Familie,
  - Entwicklung und Angebot von Maßnahmen zur besseren Befähigung junger Menschen für die Aufgaben in der Familien- und Haushaltsführung,
  - verstärkte Hilfen zur Freizeitgestaltung in der Familie,
  - Ausbildung und Begleitung von Multiplikatoren für die Freizeitgestaltung und Entwicklung entsprechender Programme.

- Positive Darstellung der Familie, vor allem der Mehrkinderfamilie, in den Veröffentlichungen des Verbandes und stärkere Berücksichtigung der Medienerziehung in der Jugend- und Erwachsenenbildung des Verbandes.

– Ausbau der Familienferien, insbesondere für kinderreiche und sozial benachteiligte Familien, und der Angebote innerhalb der Familienferien sowie Hilfestellung bei der Beschaffung von individuellen Zuschüssen für Familienferienmaßnahmen.

– Ausweitung familienbezogener Aktionen des Verbandes, z.B. Stellungnahmen, Hilfen für die in Not geratene Familie sowie Vermittlung von Hilfen für die Familien in Grenzsituationen.

– Stärkere Rücksichtnahme auf die Situation der Nacht- und Schichtarbeiter sowie Berücksichtigung ihrer Probleme in der Arbeit des Verbandes.

2.2 Nach außen

2.2.1 Forderungen an die Kirche

2.2.1.1. Im Bereich „Verkündigung"

– Verstärkung des Gemeindeapostolats und der Familienpastoral in der Pfarrei, z.B. durch
  – Einrichtung und Förderung von Gesprächskreisen für Eltern und Familien (Familienkreise),
  – Verbesserung des personalen Angebotes,
  – Entwicklung und Ausweitung zeitgerechter Angebote im Bereich der Ehe- und Familienpastoral für alle Altersstufen und Situationen, auch unter Berücksichtigung besonderer beruflicher Gegebenheiten.

– Intensivierung der Schriftlesung und Erschließung der Heiligen Schrift für das Leben sowie Bereitstellung praktischer Hilfen in fundamentalen Fragen unseres Glaubens und christlichen Lebens.

– Stärkere Hervorhebung der eigenen Werte und Lebensregeln statt einseitiger Herausstellung von Normen und Abwehrhaltungen, damit der einzelne bessere Hilfen zu Orientierung und Lebensgestaltung erhält.

- Ermutigung und Befähigung zu dauerhafter Bindung und Verantwortung in einer öffentlich und kirchlich geschlossenen Ehe und Begleitung dieser Ehen durch entsprechende Anregungen und Hilfen.
- Verdeutlichung, daß sinnvoll gestaltete Freizeit zum Christsein gehört, und Schaffung von mehr Angeboten von Festen und Feiern in der Gemeinde für Familien.

- Anregung und Hilfestellung zur bewußten Gestaltung des Sonntags in der Familie.

- Weiterentwicklung subsidiärer Hilfen im Bereich der Ehe- und Familienbildung und der Familienferien in katholischer Trägerschaft.

2.2.1.2 Im Bereich „Liturgie"

- Ansprechende, familienfreundliche Gestaltung der Liturgie, insbesondere der Sonntagsgottesdienste, z.B. durch
  - Ausweitung der Beteiligungsmöglichkeiten der gesamten Familie am Gottesdienst,
  - verstärkte Hineinnahme der Familienangelegenheiten in die Fürbittengestaltung.

- Hilfen für das Verständnis der Sakramente und die Praxis des Sakramentenempfangs.

- Lebensnahe Darbietung christlicher Vorbilder.

- Pflege und Förderung religiösen Brauchtums des Kirchenjahres.

2.2.1.3 Im Bereich „Diakonie" und „Weltdienst"

- Verstärkung der Hilfen für Menschen in besonderen Lebenslagen, insbesondere durch
  - Öffnung gemeindlicher Gruppierungen,
  - weiteres Bemühen um Annahme derer, die den kirchlichen Anforderungen nicht entsprechen, und ihre weitestmögliche Einbeziehung ins gottesdienstliche und sakramentale Leben,
  - Verbesserung des Angebotes an Beratungsstellen für Ehe-, Familien- und Lebensfragen,

- Angebote für Alleinstehende und Alleinerziehende,
- Ausweitung der wirtschaftlichen Hilfen für sozial schwache Familien,
- Zurverfügungstellung von kircheneigenem Grund und Boden für Eigenheim-, Eigentums- und Mietwohnungsbau, insbesondere für junge Familien, Mehrkinderfamilien und sozial schwache Familien.

- Unterstützung der Familie durch Ausweitung und Verbesserung von Angeboten im Bereich der beruflichen Bildung, besonders der freien kirchlichen Träger.

- Vorbildliche Verwirklichung familienfreundlicher Arbeitsverhältnisse im eigenen Bereich, z.B. durch Schaffung von Teilzeitarbeitsplätzen.

- Schaffung von integrierten Freizeiteinrichtungen und von Möglichkeiten zur verstärkten Nutzung kirchlicher Einrichtungen für die Freizeitgestaltung der Familien.

- Weiteres entschiedenes Auftreten gegen familienfeindliche und diskriminierende Tendenzen in allen Lebensbereichen

- Verstärktes Engagement im Medienbereich, z.B. durch
  - verstärkte Journalistenaus- und -fortbildung in kirchlicher Trägerschaft, auch mit dem Ziel einer besseren Berücksichtigung christlicher Wertvorstellungen in den Medien,
  - Förderung der Medienkritik in der kirchlichen Presse,
  - fachliche Qualifizierung der kirchlichen Hörfunk- und Fernsehbeauftragten,
  - kritische Beurteilung neuer Medien.

2.2.2 Forderungen an Staat und Gesellschaft

Aus den Grundforderungen
- der Schaffung und Stärkung eines familienfreundlichen Bewußtseins in allen Bereichen der Gesellschaft,
- einer konsequenten Erfüllung der im Grundgesetz der Bundesrepublik und in den Landesverfassungen verankerten Rechte von Ehe und Familie,

– einer umfassenden Neuorientierung der Familienpolitik im Rahmen der Gesellschaftspolitik

ergeben sich folgende Einzelforderungen:

– Wirksamer Schutz des ungeborenen Lebens, insbesondere durch umfassendere Hilfen zur Erhaltung des ungeborenen Lebens.

Stärkung der Erziehungsfähigkeit der Eltern, z.B. durch
– Zurückweisung eines überzogenen Erziehungsanspruchs von Staat und Gesellschaft und Einschränkung staatlicher Ersatzeinrichtungen im Erziehungswesen zugunsten des Elternrechts und einer Erziehung in der Familie,
– Sicherung und Stärkung der Kompetenz und Leistungsfähigkeit von Informations- und Beratungsstellen in freier Trägerschaft für die Familie,
– verstärkte Förderung freier Träger in allen Bereichen der familienbezogenen Bildungsarbeit und finanzielle Gleichstellung freier und öffentlicher Träger,
– Schaffung von Förderungsrichtlinien, die der Familie als Familie die Teilnahme an Familienbildungsmaßnahmen ermöglichen.

Ausgestaltung eines an den Grundwerten und Grundrechten wie an den besonderen Chancen und Aufgaben der Familie orientierten Schulwesens, z.B. durch
– Abbau formalistischer Bestimmungen zugunsten einer qualifizierten Zusammenarbeit von Elternhaus und Schule,
– an der Praxis orientierte Lehrerausbildung mit entsprechender pädagogischer Qualifikation,
– verstärkte Bemühungen um Chancengerechtigkeit in Schule und Ausbildung, entsprechend den individuellen Neigungen und Begabungen des jungen Menschen,
– Unterrichtsgestaltung, die in Zielen und Inhalten den Schüler als Menschen in seiner Ganzheit fördert.

Maßnahmen zur verbesserten Qualifikation für die Aufgaben in der Familien- und Haushaltsführung, z.B. durch

- entsprechenden Unterricht im Pflichtschulbereich ab dem 8. Schuljahr,
- Berücksichtigung der Angebote der Familienbildung bei der Gewährung von Bildungsurlaub,
- Intensivierung entsprechender Bildungsangebote und gleichrangige Förderung freier Träger in diesem Bereich,
- Einführung des Bildungsurlaubs in allen Bundesländern.

Volle Gleichstellung von erwerbstätigen und Familienhausfrauen mit entsprechenden Veränderungen im Bildungs- und Beschäftigungssystem und im System der sozialen Sicherung, z.B. durch
- Schaffung tatsächlicher Wahlmöglichkeiten für Mütter/Väter, um auf außerhäusliche Erwerbstätigkeit zugunsten der Kindererziehung, gerade in den ersten entscheidenden Lebensjahren, verzichten zu können,
- Beseitigung aller Regelungen, die einseitig die erwerbstätige Mutter bevorzugen, die Familienhausfrau aber benachteiligen oder sogar diffamieren,
- Anerkennung von Versorgungs- und Erziehungsleistungen für Kinder im Rahmen einer eigenständigen sozialen Sicherung der Frau, insbesondere durch beitragsfreie Anerkennung von Erziehungsjahren in der Rentenversicherung;
- Einführung des Erziehungsgeldes,
- verstärktes Angebot an Wiedereingliederungshilfen in die Berufswelt,
- verstärkte Förderung von Möglichkeiten der Teilzeitarbeit.

Berücksichtigung der Grundbedürfnisse des Menschen und der Familie bei der Neugestaltung/Umgestaltung der Arbeitswelt, z.B. durch
- Ausbau des Schutzes für Nacht- und Schichtarbeiter,
- flexiblere Gestaltung von Arbeitszeiten,
- Erweiterung von Teilzeitarbeitsmöglichkeiten.

Verstärkte soziale und wirtschaftliche Förderung der Familie, gerade auch, um jungen Menschen Anreize zu schaffen,

Familien zu gründen und sich der Erziehung von Kindern zu widmen, insbesondere durch
- steuerliche Entlastungen junger Familien und Abbau sozialer Mißstände im Steuerrecht,
- Einbeziehung des Kindergeldes in die Dynamisierung der Sozialleistungen sowie Erhöhung der Sozialleistungen für dritte und weitere Kinder,
- wahlfreie Kapitalisierung des Erstkindergeldes,
- Gewährung eines Staatsdarlehens für junge Ehepaare, dessen Rückzahlung sich bei der Geburt eines Kindes mindert,
- Schaffung eines zinslosen Hausratdarlehens,
- Ausweitung der finanziellen Förderung von Familienferien (Dynamisierung von Zuschüssen, Veränderung der Bemessungsgrenzen).

Schaffung und Förderung einer familiengerechten Infrastruktur und Raumordnung, z.B. durch
- kindgerechte und altersentsprechende Spielplätze in Wohngebieten,
- verkehrsberuhigte Straßen, Ausbau von Fuß- und Radwegen,
- Aufbau integrierter Freizeiteinrichtungen nach Herstellung der entsprechenden rechtlichen Voraussetzungen,
- Bereitstellung von Freizeitmöglichkeiten und Einrichtungen an Wochenenden für Familien.

Familiengerechte und kinderfreundliche Stadtplanung und entsprechender Wohnungsbau, auch unter Einbeziehung der älteren Generation, sowie intensivere Hilfen bei der Wohnraumbeschaffung, z.B. durch
- familiengerechte Förderung des Erwerbs von Wohneigentum,
- Veränderung der Objektförderung zugunsten der Subjektförderung im Wohnungsbau,
- soziale Staffelung der Mietbelastung nach Einkommen und Kinderzahl im öffentlich geförderten Wohnungsbau,
- Maßnahmen, die Wohnungsbauunternehmen veranlassen, mehr Wohnungen im Wege des Mietkaufs anzubieten,

- Beseitigung der Mißstände im sozialen Wohnungsbau zugunsten der Familien mit Kindern,
- Bereitstellung von Grund und Boden durch Städte und Gemeinden für den Familieneigenheimbau, Bau von Eigentumswohnungen und für den Mietwohnungsbau, auch in Erbpacht.

Stärkere Betonung der positiven Bedeutung von Ehe und Familie und ihrer Leistungen in den Medien, insbesondere durch
- Ausbau der Medienforschung, insbesondere Untersuchung der Wirkungen von Medien auf die Erziehungsleistung der Familie,
- vermehrtes Angebot entsprechender pädagogischer Hilfen, z.B. bessere Medienerziehung in Schule, Jugend- und Erwachsenenbildung,
- stärkere Berücksichtigung gesamtgesellschaftlicher Bezüge in der Medienpolitik.

(Verabschiedet von der Zentralversammlung des Kolpingwerkes Deutscher Zentralverband in Fulda am 8. 11. 1980)